かんたん　かわいい
ミニ&ベビー野菜
ガーデニングノート

ミニ&ベビー野菜を育ててみませんか？

――プロローグ

「野菜を作ってみたいけど仕事が忙しくて」という方や「興味はあっても栽培したことがないので」という方に、『ミニ&ベビー野菜』はおすすめです。平日は水やりだけ、週末にほんの少し手入れしてあげるだけで手軽に収穫の喜びを味わえます。

『ミニ野菜』は、ある程度の大きさに達するとそれ以上大きくならず小さいサイズで成熟する野菜です。『ベビー野菜』は、通常の栽培では大きくなる野菜を、密植や早採りをすることにより小ぶりな野菜として収穫したものをおもにいいます。

ミニ野菜やベビー野菜は、今まで野菜を作ったことがない方でも気軽に失敗することなく育てることができます。栽培期間が短いので収穫までの手間が少なく、何回も植えることができ、病気や害虫の被害にも遭いにくいからです。また、小さい分、身近なベランダや庭など狭いスペースで栽培できるのも魅力。同じ面積でもミニ&ベビー野菜なら普通のサイズの野菜よりもたくさん収穫することができます。さらに、小さいので切る手間も省け、まるごと調理すれば栄養価も、風味も損なわれません。なんといっても使い切りサイズなので無駄なく使えることがうれしいですね。

身近で手軽に楽しめるミニ&ベビー野菜のコンテナ栽培方法を、イラストでわかりやすく解説していきましょう。もちろん、野菜の作り方の基本は同じなので畑での栽培にも応用することができます。

目次

第1章

ミニ&ベビー野菜にチャレンジ

葉菜類

ベビーリーフ

解説と栽培暦
（89〜92頁）

生まれはアメリカのカリフォルニア

ベビーリーフの「ベビー」は、文字どおり「赤ちゃん」の意味。株間を狭くしたり、早採りしたりすることで普通の大きさの葉物野菜を小ぶりなベビーリーフとして収穫します。ベビーリーフのふるさとはアメリカのカリフォルニア州。レタスを若採りして出荷したのが始まりです。

アメリカでは、ベビーリーフは、当初、手刈りで収穫していましたが、今では機械化され、大規模に栽培されるようになっています。スーパーの野菜売り場の一角には必ずベビーリーフのコーナーがあり、カラフルなパッケージに入ったいろいろな種類のベビーリーフが豊富に並んでいます。

初心者の入門用に最適

そんなベビーリーフですが、なんといっても短期間で収穫できることが大きな魅力です。例えば、ツケナ類やレタス類、ルッコラなどは、タネまきから収穫までの期間は、二五〜三〇日前後という速さ。しかも、畑やコンテナがなくても、ピートモスを圧縮成型したタネまき資材の「ジフィーセブン」などを用いればタネをまく（下記写真）だけで、日差しの入るキッチンなどでも簡単に栽培できますので、初心者の入門用に好適です。

葉菜類のベビーは種類が豊富

ほかにもホウレンソウなど、様々な葉菜類がベビーとして使えます。特に、コマツナ、カラシナ、ベカナ、ショウサイ、タイサイ、キョウナ（ミズナ）、ノザワナ、サントウサイなどのツケナ類がミックスされた「ベビーサラダ・ミックス」や「レッドオーク」「グリーンオーク」「フリンジレッド」「フリンジグリーン」「コスレタス」などのレタス品種がミックスされた「ガーデンレタス・ミックス」の二つが彩りもよく人気があります。

品種／ベビーサラダ・ミックス

1 タネまき

培養土を入れた鉢やプランターなどのコンテナ類に、赤飯にゴマ塩をふりかける要領でタネをバラまき、タネがかくれる程度に覆土する。

2 発芽

発芽して子葉が開くまで、土が乾かないようにする。葉が開いたら、できるだけ午前中にのみ水を与え、乾かし気味に管理する。

3 間引き

苗の込んでいるところは軽く間引く。

POINT
室内で栽培する場合、蒸れやモヤシ状に伸びることを防ぐため、時々外に出して風に当てる。

4 収穫

多くのベビーリーフは1カ月ほどでできあがる。間引きしながら少し大きめに栽培することもできる。この場合、1カ月目以降、週に1回、600倍くらいに薄めた液肥（市販の液肥に水を加え600倍に薄めたもの）を施す。

おいしい・レシピ

ベビーリーフ（ツケナ類、レタス類、ホウレンソウなど）

「グリーンサラダ」

【材料】（2人分）

ベビーツケナ類など適宜　サラダオイル大さじ2　酢大さじ1　塩小さじ1/2　パプリカパウダー小さじ1/2　こしょう少々

【作り方】

ボールに材料をすべて入れ、混ぜ合わせればできあがり。

葉菜類

ミニチンゲンサイ

解説と栽培暦（93頁）

中華料理店のシェフから誕生

一九七二年の日本と中国の国交回復後に中国から日本へ紹介された野菜のひとつにチンゲンサイがありました。中国野菜のチンゲンサイを業務用にたくさん使うのはなんといっても中華料理店。その中華料理店のシェフから「なんとか切らずに、丸のままで皿にのる見栄えのよいチンゲンサイは作れないか」との要望から生まれたのが、手のひらサイズのミニチンゲンサイです。

小さいときからスタイリッシュな「クーニャン」

現在、ミニチンゲンサイと呼ばれる品種は「クーニャン」のみです。普通の大きさのチンゲンサイが、小さいうちは葉が開いていて、お尻のキュッとしまったあのチンゲンサイの形になかなかならないのに対し、「クーニャン」はチンゲンサイ独特のスタイリッシュな形に小さいうちからなります。「クーニャン」なら小さい分、同じ栽培面積で比べると通常サイズの三倍ほど収穫できるので、ベランダなど狭いところでもたくさん収穫できます。その上、タネまきから収穫までの期間が夏まきなどでは最短で二〇～三〇日なので、初心者でも手軽にチャレンジできる野菜です。また、早採りできることで、高温期などは虫害がひどくなる前に収穫できる利点もあります。

丸ごと調理して栄養を取ろう

ミニ＆ベビー野菜の利点に、丸ごと調理できることがあります。これにより、切り口などから栄養分が逃げることが少なくなります。ミニチンゲンサイを丸のまま調理して、豊富に含まれる、カルシウム、カリウムなどのミネラル類や、ビタミンA、Cといったビタミン類を余すところなく取り入れたいものですね。

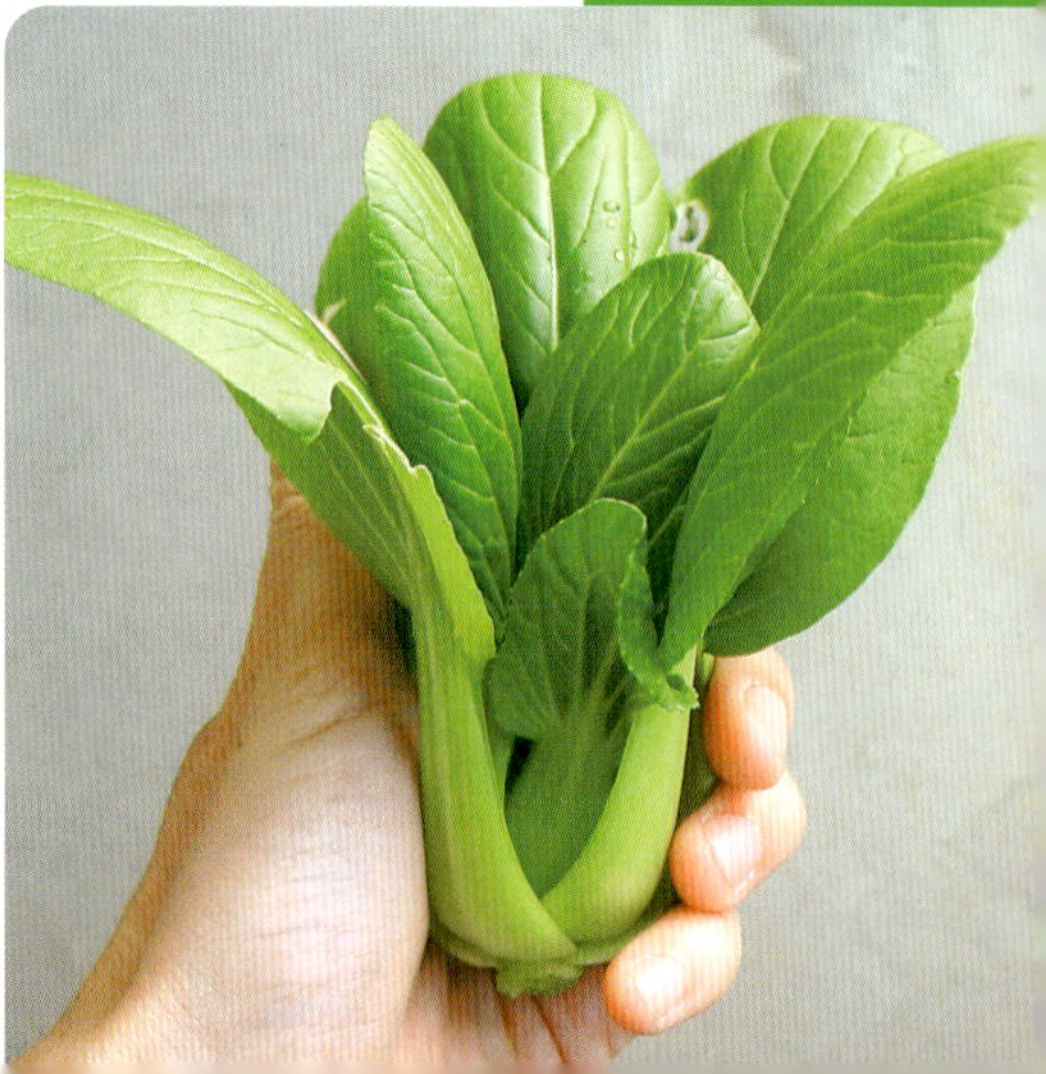

品種／クーニャン

1 タネまき

培養土を入れた深さ20㎝ほどの標準型プランターに15㎝間隔で5㎜ほどの深さに6、7粒を直まきし、覆土する。たっぷり水やりし、日当たりのよいところに設置する。フィルムケースなどでタネまき穴をつくるとよい。

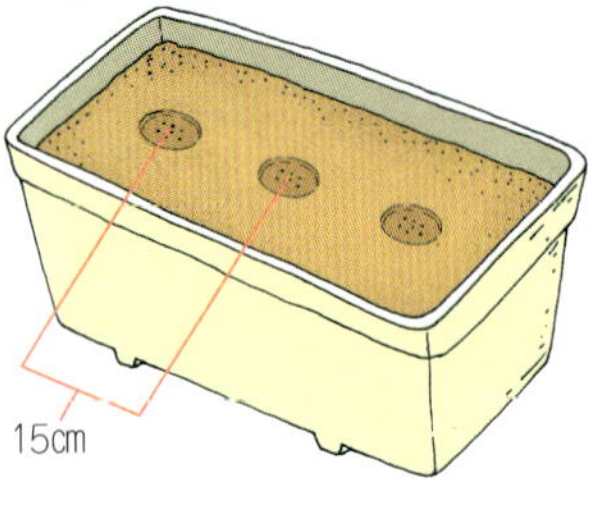

2 発芽・間引き

2日ほどで発芽する。発芽後すぐに、1回目の間引きを行い、4、5本にする。発芽後の水やりは、乾いたら行う。

3 2回目の間引き・追肥

本葉3、4枚までに間引いて、1カ所で3本にする。追肥は標準型プランターの場合、2回目の間引き直後に5本指で2つまみ（約10g）の化成肥料を、その後は7～10日おきに同量を株間に施す。

4 収穫

大きくなった株（草丈10～15㎝）から順次収穫する。

POINT

サクラのソメイヨシノが咲くころより前と、温暖地で10、11月にタネまきする場合は、栽培中ビニールなどで保温するとよい。

アイデア

コンテナの代わりに市販の培養土の袋を使ってもよい。下面には水抜きの穴を開け、上面にはタネまきの穴を開け栽培することもできる。

おいしい・レシピ

ミニチンゲンサイ

「中華コーンスープ」

【材料】（2人分）

ミニチンゲンサイ1/2株　水300cc　クリームコーン缶（内容量190g）1缶　鶏ガラスープの素小さじ2　水溶き片栗粉小さじ1　卵1個

【作り方】

①水300ccの中にクリームコーン缶と鶏ガラスープを入れ沸騰させる。

②沸騰したら水溶き片栗粉、よく溶いた卵の順に入れかき混ぜる。

③弱火にして、1枚ずつはがしたミニチンゲンサイを入れ、火が通ったらできあがり。

葉菜類

コネギ

解説と栽培暦
（94頁）

あると重宝する常備しておきたい薬味

身近にあると重宝するのが、薬味になる野菜です。特に、コネギは、冬は湯どうふやお鍋に、夏はそうめんや冷奴に、納豆やお好み焼きなど一年中、使わないときがないといっても過言ではないでしょう。とにかく我が家でもコネギは、一年を通して収穫できるので、欠かすことのできない常備野菜になっています。

コネギは、株全体が緑色の緑黄色野菜で、盛り土をして育てるいわゆる長ネギ（根深ネギ）よりも、カロテンやビタミンCなどの含量が多いという特長があります。

硫化アリルは血液をサラサラにする作用も

さらに、ネギ独特の香り成分でもある硫化アリルは、血液をサラサラにする作用があり、ビタミンB1の働きも盛んにして、血糖値を下げてくれます。ただし、この硫化アリルは揮発性なので、水にさらしたり、加熱したりすると逃げてしまうのが難点。いろいろな食べ物の薬味として、生のまま毎日少しずつ摂取することは理にかなった食べ方なのです。

品種は、コネギの中でも「九条」や「緑秀」なら耐寒・耐暑性に優れ、一年を通して収穫ができます。

長く収穫できるのが魅力

秋まきの場合、タネまき後一八〇日くらいで収穫できるようになりますので、必要なだけ葉を切りながら使えば、また葉が伸びてきて長く楽しめます。

品種／九条

1 タネまき

直径5.5㎝のジフィーポットに育苗用培養土を入れ、15粒ほどのタネを離してバラまき、5㎜ほどの厚さで覆土する。噴霧器などでたっぷり水やりし、発芽までは乾かさないように注意する。

2 発芽

5日ほどで芽が出てくる。発芽後は日当たりのよい場所に設置する。

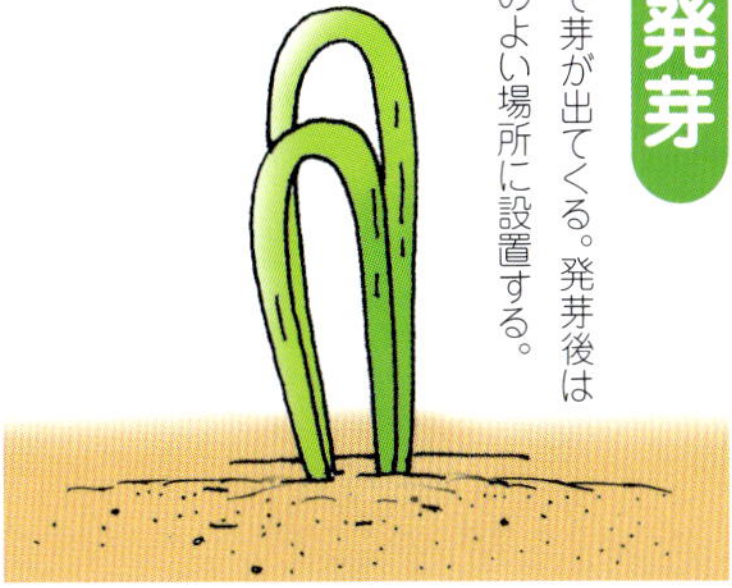

3 育苗

タネまき後、1カ月目ぐらいから500倍くらいに薄めた液肥を2週間に1回施す。60〜75日で定植できる大きさの苗になるが、この時点で食べることもできる。

4 定植

さらに大きく育てる場合、タネまき後60〜75日の苗をほぐして標準型プランターなどに定植する。市販の培養土あるいは定植の1週間ほど前にあらかじめ土10ℓあたり苦土石灰を5本指で1つまみ半（約7.5g）混ぜた培養土を標準型プランターに入れ、深さ10㎝ほどの溝を2列掘る。一方を垂直に切り立たせ、苗を立たせ土を寄せる。そこに2㎝間隔で苗を1本ずつ植える。月に1回、培養土10ℓあたり5本指で1つまみ（約5g）の化成肥料を条間に追肥し、株元に土を寄せる。

5 収穫

葉数が増えてきたら、葉を地際から5㎝くらい残し、使う分だけつみ取れば、再び葉が伸び、長く収穫できる。

POINT
コネギは、育苗期間が比較的長いので、タネまき後肥料切れしはじめる1カ月目ぐらいから追肥をする。

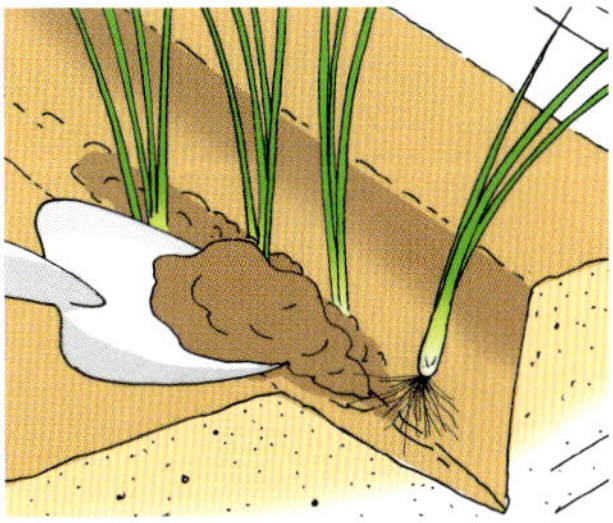

おいしい・レシピ

コネギ

「まぐ茶」

【材料】（2人分）

コネギ1本　まぐろ（赤身）50g　しょうゆ小さじ1　ご飯適宜　わさび適宜　番茶適宜

【作り方】

①まぐろをしょうゆで約20分間漬けておく。

②まぐろを一口大に切る。

③コネギを小口切りにし、ご飯の上にまぐろとコネギをのせ、沸騰した番茶をかけてできあがり。

葉菜類

ミニタマネギ

解説と栽培暦
（94頁）

ミニタマネギとペコロスは異なるもの!?

ミニタマネギとペコロスは同じタマネギですが、正確にいうと異なるものです。ミニタマネギは、いわゆるミニ野菜であり、ペコロスは、ベビー野菜です。つまり、ミニタマネギは、ある程度の大きさになるとそれ以上大きくならないのに対し、ペコロスは、早採りによるベビーなので、大きく育てることもできます。

セット栽培の途中で収穫されるのがペコロス

大玉タマネギのタネまき時期はいくつかあります。その中でも、特に、二月にタネまきするセット栽培と呼ばれる栽培方法の栽培途中で収穫されるタマネギこそがペコロスなのです。セット栽培とは、二月ころにタネまきし、五月ころに直径一、二センチになった子球を一旦収穫し、九月ごろに再び畑へ定植し一二月ごろに大玉で出荷する方法です。この栽培の途中で収穫する子球を「オニオンセット」と呼び、定植せずに出荷されるベビータマネギを別名ペコロスといいます。この場合、早生品種を使うと形のよいペコロスができあがります。また、ミニタマネギにもかわいい品種がいくつかあります。白球の「リトルボーイ」と赤球の「リトルガール」、それに黄球の「ベビーオニオン」などがあり、いずれも三月前後にタネまきします。

血液をサラサラにする成分が含まれている

タマネギには、コネギなどほかのアリウム属と同様に硫化アリルが含まれています。硫化アリルには、血液をサラサラにする作用があり、ビタミンB_1の働きも盛んにして、血糖値を下げてくれます。特に、タマネギにはグルコキニンという成分が含まれていて血糖降下、鎮静作用があります。

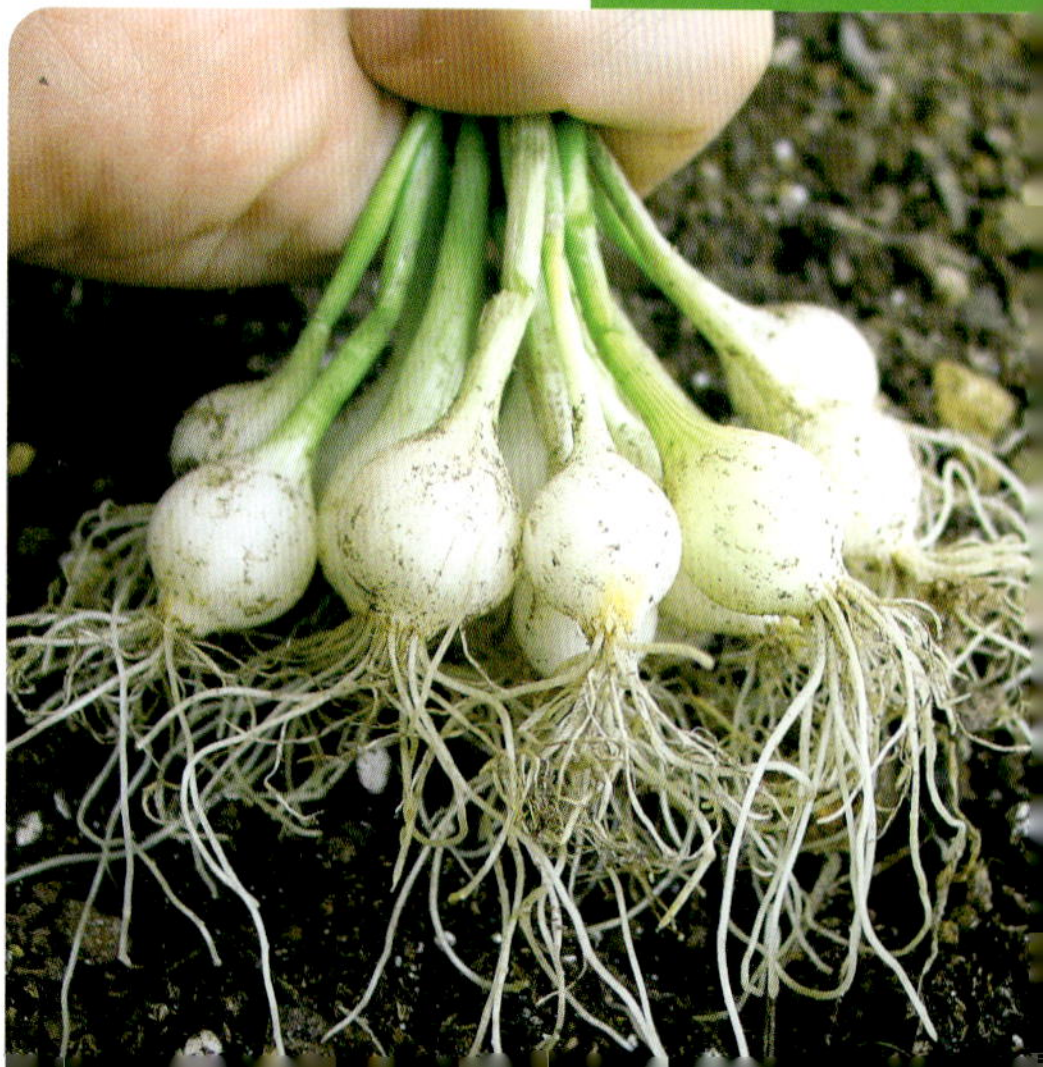

品種／リトルボーイ

1 タネまき

標準型プランターに、市販の培養土を入れ、古土の場合はタネまきの1週間ほど前にあらかじめ土10ℓあたり苦土石灰を5本指で1つまみ半（約7g）、化成肥料5本指で3つまみ（約15g）を施しておく。培養土の表面に1cmほどの溝を切り、条間約8cmにして、そこにタネを条まきする。溝のわきの土を寄せ、覆土をして、その上を手のひらで押し、培養土がしっかり湿るまで噴霧器などで水やりする。

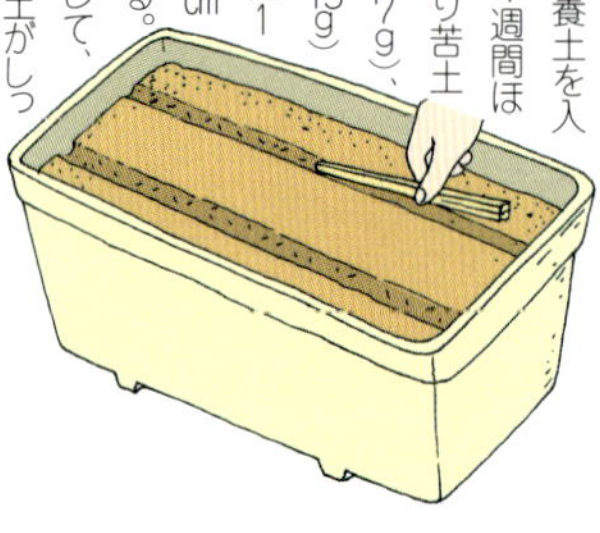

2 発芽

5日ほどで発芽する。

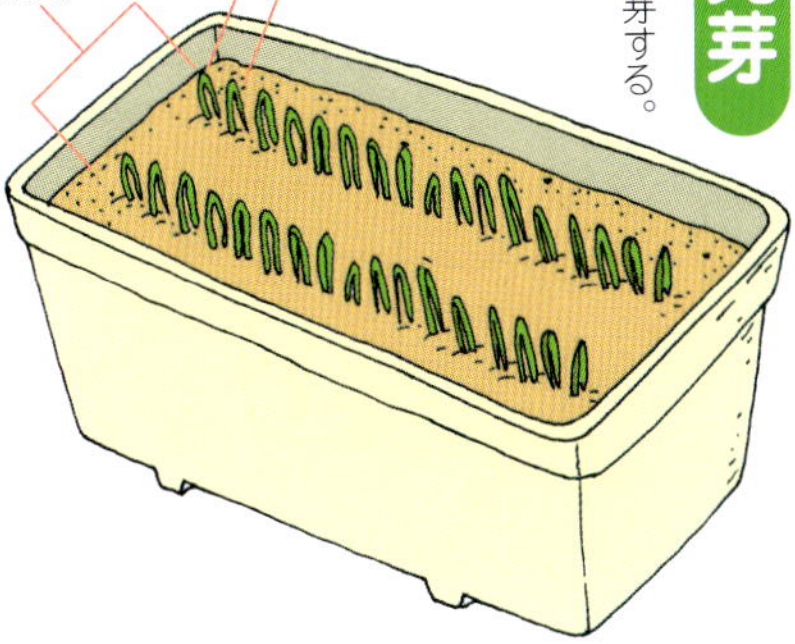

3 間引き

間引きは2回に分ける。1回目は、本葉1枚で、発芽の遅いものを間引く。2回目は本葉2枚のとき、株間約3㎝にする。追肥はタネまき後1カ月半で1回目、その後1カ月で2回目を施す。それぞれ培養土10ℓあたり5gほどの化成肥料を施す。

4 増し土

だんだん土はしまり減ってくるので、タネまき後2カ月で、苗の倒伏を防ぐため株と根もとが隠れるくらい増し土する。

5 収穫

6月下旬くらいから、玉が10円玉くらいになり、全体の8、9割の葉が倒れたら収穫する。

POINT
ミニタマネギは、春まきするので、初期の気温が低く生育が緩慢なときは、トンネルなどで保温する。

おいしい・レシピ

ミニタマネギ

「ベーコン巻き」

【材料】（2人分）

ミニタマネギ3個　ベーコン4枚　サラダ油適宜

【作り方】

①ミニタマネギをたて半分に切り、ベーコンを巻いてから、金串にさす。

②フライパンに油をひき、フタをして弱火で焼いてできあがり。

葉菜類

ベビーコールラビ

解説と栽培暦
（95頁）

茎を食べるキャベツの仲間

あまり日本ではなじみのない野菜なので、形も食べ方も分からないという方が多いことと思います。姿は、葉を落とすとちょうど、海にいるホヤのような形をしています。品種は、肥大部分が緑色の「サンバード」と紫色の「パープルバード」の二品種があります。

名前の「コールラビ」ですが、「コール」とはキャベツの意味で、「ラビ」とはカブの意味です。その名のとおりキャベツの仲間で、カブのように肥大した茎を食べる野菜です。

簡単！　小鉢で栽培できる

成長も早く、小鉢で簡単に栽培できる面白い野菜です。ベビーなら収穫は、肥大した茎の直径が五㎝ぐらいのときからできます。タネまき後およそ七五日ぐらいです。少し大きめの一〇㎝ぐらいの大きさまで収穫できます。

皮まで食べられ、くせもない

料理には、ベビーで収穫した場合は、皮がやわらかいので、皮をむくことなくそのまま使います。くせがなく、甘みがあり、ブロッコリーの茎の部分のような食感です。サラダには、生のまま薄くスライスして、塩をしてから用います。生のコールラビにはレモン果汁並みのビタミンCがあるのでなるべく生で食べたいですね。特に、「パープルバード」なら表面が紫色なのでサラダの彩りにもなります。

加熱調理するとやわらかくなるものの煮崩れしにくいのでスープなどに入れてもよいですし、蒸してバターなどをつけるシンプルな食べ方もおいしいです。

品種／サンバード

1 タネまき

育苗用培養土をつめた72穴のセルトレーか、直径5.5㎝のジフィーポットに指でタネまきのためのくぼみをつけ、3、4粒ずつタネをまき、覆土する。発芽までは乾かさないように注意する。

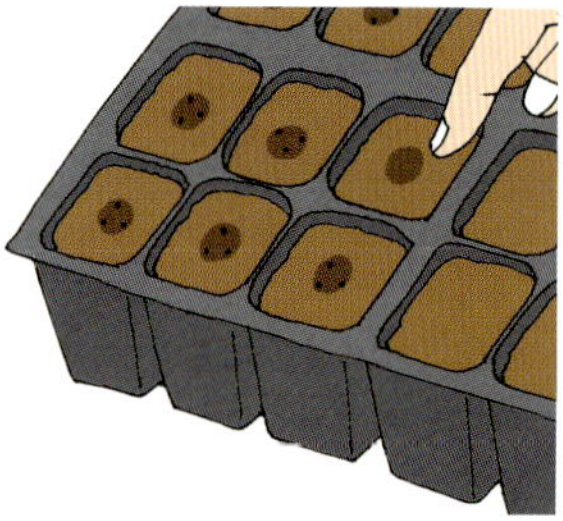

2 発芽・間引き

3日ほどで発芽する。発芽後は日当たりのよい場所で育てる。本葉2枚までに1本に間引く。

3 定植

本葉が3、4枚になったら、直径15㎝の鉢に定植する。このとき3本指で2つまみ（約3g）の化成肥料を施す。株が倒れるようなら支柱する。その後も、2週間ごとに1株あたり同量の肥料を追肥する。

4 収穫

肥大した茎の直径が5〜10㎝になったら収穫。タネまきから約75〜90日ほどが目安。

POINT
茎の肥大時期は乾燥に注意し肥大を促す。

おいしい・レシピ

ベビーコールラビ
「キムチ和え」

【材料】（2人分）
ベビーコールラビ120g　キムチの素大さじ1
唐がらし（輪切り）適宜

【作り方】
①葉を切り落としたベビーコールラビを千切りにし、キムチの素と和えて、2〜3分置く。
②唐がらしをパラッとかけたらできあがり。

葉菜類

メキャベツ

解説と栽培暦（95頁）

「ケール」から生まれました

メキャベツ、キャベツ、コールラビ、カリフラワー、ブロッコリー、これらは、すべて「ケール」という野菜から生まれた兄弟です。

ケールといってもほとんどの人はピンとこないかもしれません。でも、「うーん、まずい」といえばピンとくるかもしれません。そう、あの青汁の原料こそこのケールです。

別名は「子持ちカンラン」

もともと地中海沿岸に自生していたケールは、ヨーロッパ各地で栽培されるようになり、様々な形になったのです。葉が結球したキャベツ、花蕾《からい》を食べるカリフラワーやブロッコリー、茎が肥大したコールラビ、そして、メキャベツはケールのわき芽が結球するようになった野菜です。

メキャベツは、ベルギーで誕生し、フランスで普及したのだとか。その姿は、まるで小さなキャベツのようです。これが茎にゴロゴロつくのですから圧巻です。そんなわけで、メキャベツは、別名「子持ちカンラン（カンランはキャベツのこと）」とも呼ばれています。

姿かたちは、小さなキャベツですが、味はキャベツとは少々異なります。キャベツよりも繊維質が少ないため、やわらかく、甘みも強く感じますが、苦みがあるため、塩ゆでして、苦みをとってからシチューやサラダなどに用います。

ゆでても栄養分が損なわれにくい

ゆでてもメキャベツの栄養価は損なわれにくく、同様にゆでたキャベツと比較して、カリウムが約五倍、ビタミンAが約二倍、ビタミンKが約二倍、葉酸が約四倍、ビタミンCが約六倍と、まさに栄養を小さな体にギュッと濃縮した野菜といえます。

品種／ファミリーセブン

1 タネまき

直径９㎝のポリポットか直径８㎝のジフィーポットに育苗用培養土を入れ、５㎜ぐらいの深さに３、４粒を点まきして、覆土する。

2 発芽

3日ほどで発芽するが、それまでは乾かさないように注意する。発芽後は日当たりのよい場所で育てる。

3 間引き

1回目の間引きは本葉2枚までに2本に、2回目の間引きは本葉4枚までに1本に間引く。

4 仮植

2回目の間引きと同時に直径15㎝のポリポットへ仮植。このとき1鉢あたり3本指で1つまみ（約1.5ｇ）の化成肥料を株元にかからないように施す。

5 定植

タネまき後、36日ほどで、本葉が8、9枚になったら直径30㎝の鉢に浅植えで定植。培養土には10ℓあたり苦土石灰10ｇをあらかじめ混ぜておき、さらに植えつける前に化成肥料20ｇを入れる。このとき仮の支柱を立てる。草丈が、30～40㎝になるまでに、しっかりとした支柱を立て、だんだん土が鎮圧されてくるので、増し土する。定植後1カ月ぐらいから、月1回株元から離して1株あたり5本指で1つまみ半（約7.5ｇ）の化成肥料を追肥する。

6 葉かき

下のほうのわき芽の球が、1㎝ほどになったら、株全体の下から4分の1ほどの葉を左右に動かして、あるいは、ハサミを使って切りとる。その後も球が大きくなるたびに順次行う。

POINT
葉かきすることで球に光がよく当たり球の肥大が促され、大きくなるスペースを確保できる。

7 下芽かき

球が奇形になりやすい下から10節ほどまでのわき芽も早めにかき取る。

8 収穫

タネまき後、150〜200日ほどで、球の直径が2、3㎝になったら収穫する。1、2カ月かけ順次行っていき、60〜80個ほど収穫できる。

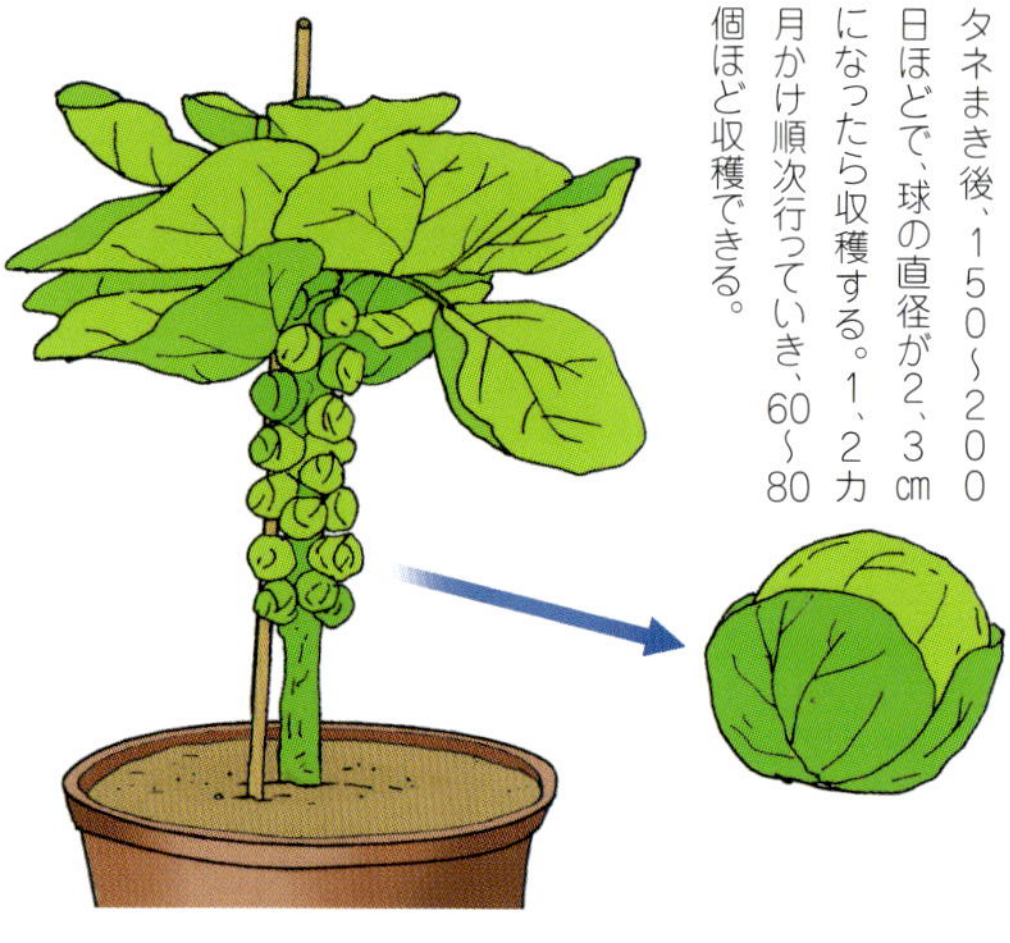

おいしい・レシピ

メキャベツ
「クリーム煮」

【材料】（2人分）
メキャベツ6個　塩こしょう少々
A［サラダ油大さじ1/2　小麦粉大さじ2　バター10g］
B［牛乳200cc　コンソメの素1/2個］

【作り方】
①小鍋に**A**を入れ、弱火でよくいためたら、**B**を加える。
②メキャベツの外葉を1枚とり、お尻に十字の切り目を入れ、サッと塩ゆでする。
③①の中に入れてできあがり。

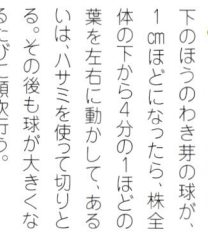

葉菜類

ミニカリフラワー

解説と栽培暦
（96頁）

ただ小さくなった だけじゃない！

普通の大きさの野菜が小さくなれば「ミニ」とか「ベビー」といった野菜になるわけですが、それは、大きさが単に小さくなっただけということだけではなく、野菜によっては、その質自体が、根本的に変わってしまうこともあるのです。そのよい例が、ミニカリフラワーです。

ミニになって食感の変化も

現在、ミニカリフラワーとしては「美星《みせい》」という品種があります。手のひらほどの大きさから収穫できますが、この大きさで通常の大きさのカリフラワーの花蕾《からい》と比べると、「美星」のほうがはるかにずっしりと重いのです。それは、組織がち密でしまっている証拠。そのため普通のカリフラワーとは、食感がぜんぜん違います。かつて、カリフラワーのあのボソボソした食感が好きではなかった私も、この「美星」ならいくつでもいける感じです。ゆでてよし、天ぷらにしてよし、浅漬けや生でもおいしいのが意外です。

同じ重さのレモンより ビタミンCがたっぷり

しかも一般的にカリフラワーは、同じ重さのレモン果汁よりもビタミンC含量が多く、ゆでてもビタミンCの損失は少ないという特長があります。ミニならまるのままゆでられるので、風味はもちろん、大切な栄養も損なわれにくいのです。

また、ミニなので、小さい面積で、より多くの収穫物が得られ、さらに収穫までの期間を短くできます。

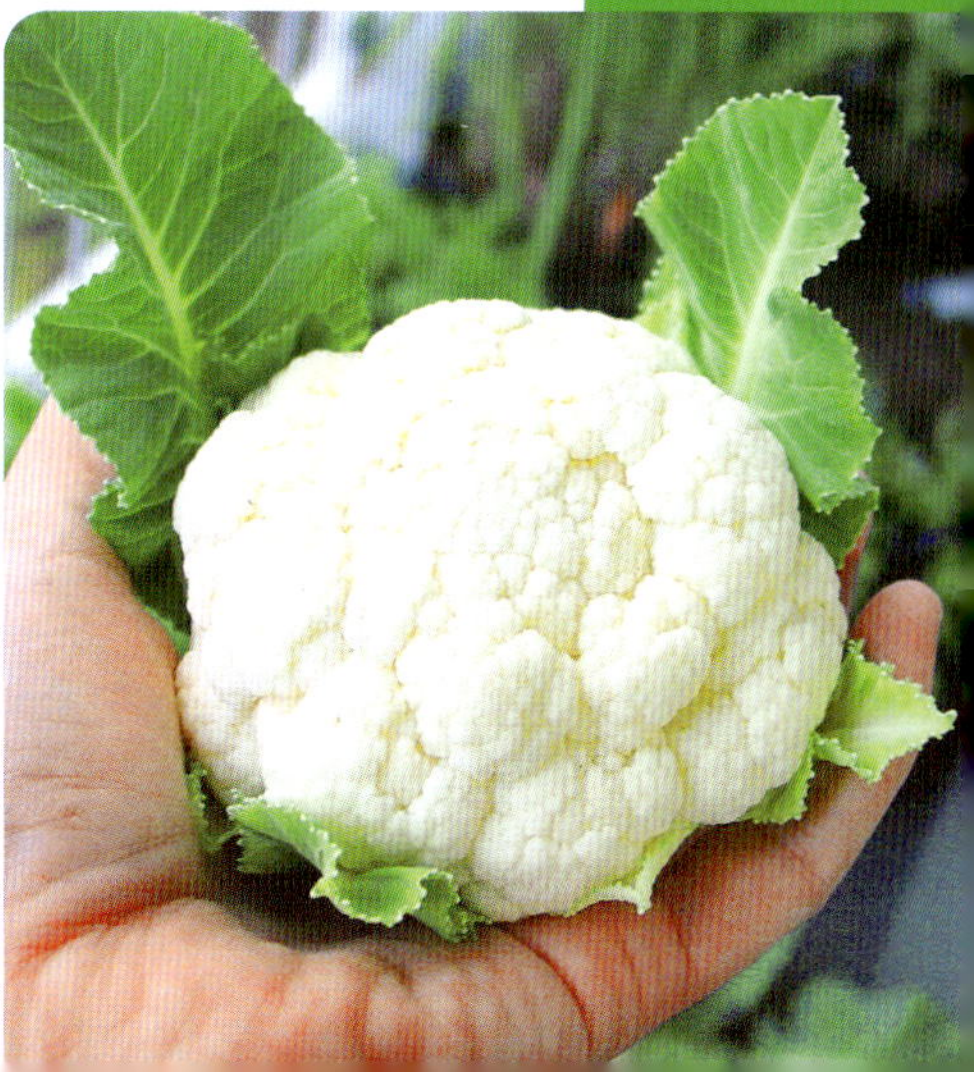

品種／美星

1 タネまき

直径9㎝のポリポットか育苗用培養土を入れた直径8㎝のジフィーポットに5㎜ほどの深さのまき穴を作り、3、4粒を離して点まきし、覆土する。発芽までは乾かさないように注意する。

2 発芽・間引き

3日ほどで発芽する。発芽後は日当たりのよい場所で育てる。本葉2枚までに2回ほどに分けて間引いて1本にする。発芽後に水やりし過ぎると湿害が出やすいので、水を控えめにしてがっちりした苗にする。

3 定植

本葉が4、5枚になったら、市販の培養土、あるいは定植の1週間ほど前に土10ℓあたり苦土石灰10gをあらかじめ混ぜ、さらに植えつける前に化成肥料20gを施しておいた培養土を入れ、直径21㎝の鉢か、標準型プランターに深植えにならないように注意して定植。直径21㎝の鉢なら1株、標準型コンテナなら20㎝間隔で3株を定植する。株が倒れるようなら支柱する。

4 管理

定植後、3週間目と6週間目にそれぞれ1株あたり3本指で2つまみ（約3g）の化成肥料を追肥し、株元に土を寄せる。花蕾と呼ばれるカリフラワーの食用部分が5㎝ほどになったら、花蕾を包むように周りの葉を持ち上げて洗濯バサミでとめる。これは、日に当てず、ほこりを防いで白くてきれいな花蕾を作るため。コナガ、ヨトウムシなど病害虫は早めに防除する。

5 収穫

タネまきから約110日前後、花蕾が10㎝以上になったら収穫の目安。

POINT
発芽後に水やりしすぎると湿害が出やすいので、水を控えめにしてがっちりした苗にする。

おいしいレシピ

ミニカリフラワー
「フリッタ」

【材料】（2人分）
ミニカリフラワー1/2個　卵白1個　塩小さじ1/3　小麦粉大さじ2　揚げ油適量　ケチャップ適量

【作り方】
①ボールに卵白を入れて泡立てる。途中で塩を入れ、しっかりとしたメレンゲになったら、小麦粉を入れて混ぜ合わせる。
②小房にわけたミニカリフラワーに①の衣をつけ、約160℃の油で3分くらい揚げる。その後油を約180℃にして10秒くらい揚げ、油を切ってできあがり。

葉菜類

スティックブロッコリー

解説と栽培暦
（96頁）

海外でもメジャーな野菜

日本生まれなのに、本国よりも海外でメジャーになった、長い茎の先にかわいらしい小さなブロッコリーのような花蕾がついた野菜があります。それが、「スティックブロッコリー」です。すでに、数年前からアメリカでは、ほぼどこのスーパーにも並ぶ人気の野菜になっています。

人気の秘密は「形」「味」「丸ごと」

人気の理由は、三つ。一つ目は、独特のスタイル。アスパラガスのような長い茎に花蕾のついたスティック状のスマートないでたちです。中華をはじめフレンチ、イタリアンなど、どんな料理の盛りつけにもマッチする、そんなスタイルのよさからか、最近やっと日本でも「あしながブロッコリー」の名前で青果売り場で見かけるようになってきました。二つ目が、食味。くせがなく、甘みもあり、とてもおいしいのです。そして、三つ目は、捨てるところがほとんどないということ。無駄なく、丸ごと、調理できます。スティックブロッコリーの三つの良さに、当初、目をつけたのは、彼の地の高級レストランのシェフたちでした。

寒さにも暑さにも強い

スティックブロッコリーは、暑さに強い中国野菜のカイランとブロッコリーを交配して作った今までにない全く新しい野菜です。そのため、普通のブロッコリーとは異なり、寒い時期だけでなく、暑い時期も栽培できます。

また、緑黄色野菜のためビタミンCの含量も高く、特にビタミンA含量はブロッコリーよりも高いという特長があります。

品種／スティックセニョール

1 タネまき

育苗用培養土をつめた直径8㎝のジフィーポットか直径9㎝のポリポットにタネを5㎜ぐらいの深さに3、4粒、離して点まきする。発芽までは乾かさないように注意する。

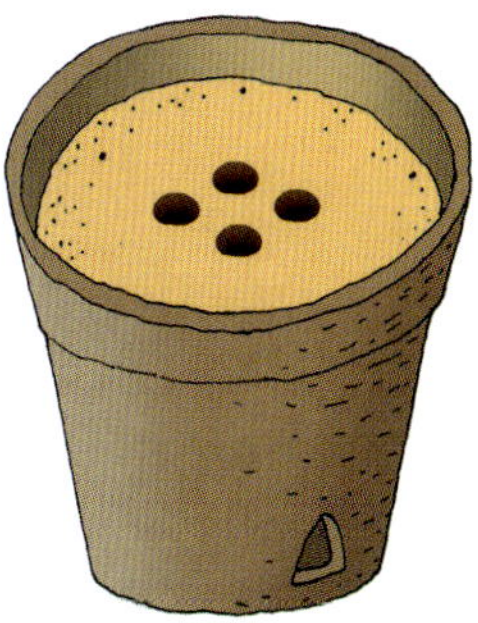

2 発芽・間引き

3日ほどで発芽する。発芽後は日当たりのよい場所に設置。本葉2枚まで1本に間引く。

3 定植

本葉が4、5枚になったら、直径30㎝の鉢に深植えにならないように定植し、支柱を立てる。元肥として培養土には、10ℓあたり化成肥料35gを混ぜ、追肥として半月に1回、株元から離して5本指で1つまみ半（約7.5g）を施す。定植後1カ月もすると土が少しずつ鎮圧されて減るので、追肥と一緒に減った分の土を鉢へ入れる増し土を行う。

4 摘芯

先端につくはじめの花蕾の直径が500円玉大になったら、上から5㎝くらいのところで斜めにナイフで切り取る（摘芯）。はじめの花蕾を早めに摘むことで、側枝の成長を促すことができ、たくさん収穫できる。切り口は日に当て早く乾かし病気を防ぐ。側枝が20㎝以上になったら収穫する。

5 収穫

花蕾の直径が500円玉大になったころに摘芯することで、側枝をたくさん出させ、側枝の成長を促すことができる。タネまき後90〜130日ごろ、側枝が長さ20㎝以上になったら1番下の節だけ残し、つぎつぎに収穫する。

おいしい・レシピ

スティックブロッコリー

「オイスターソース炒め」

【材料】（2人分）

スティックブロッコリー7本　豚肉100g　オイスターソース20g

サラダ油大さじ1

【作り方】

①約3cmの長さにスティックブロッコリーを切る。

②フライパンに油をひき、一口大に切った豚肉を炒め、火が通ったらスティックブロッコリーを入れてさらに炒める。

③②の中にオイスターソースを入れ、さっと炒め合わせたらできあがり。

根菜類

ラディッシュ

解説と栽培暦
（97頁）

和名は「ハツカダイコン」

ヨーロッパ生まれのダイコンであるラディッシュは、和名はあらためていうまでもないかもしれませんが「ハツカダイコン（二十日大根）」といいます。その名のとおり、タネをまいてから最短二〇日で収穫でき、平均して二五〜三〇日、冬場など生育が遅くなる時期でも四〇日ほどで収穫でき、栽培が手軽で簡単な根菜類です。

ラディッシュというと、皆さんは、根部が二cmくらいの球形で、その表面が赤色の品種を思いおこされることでしょう。このような品種には「レッドチャイム」や「さくらんぼ」があります。

たくさんの色や形があります

しかし、実際には様々な色や形の品種があります。球形の品種には、根部が白色の「ホワイトチェリッシュ」、上三分の二が赤色で、下三分の一が白色の「紅娘」、白色、ピンク、赤色、薄紫色、紫色の五色のラディッシュがミックスされた「カラフルファイブ」、また、長さ八〜一〇cm、太さ一・五cmというダイコンをそのまま小さくしたようなスタイルで、透きとおるような白色の「雪小町」、根部が長さ四cm、太さ一・五cmの紡錘形で鮮やかな濃桃色をした、根端部分が白い「紅白」などの品種があります。

鮮やかな色で料理のアクセントにも

ラディッシュの栄養面を普通のダイコンと比べると、ミネラルなどはほぼ同等ですが、葉酸とパントテン酸が約一・五倍多いといった特長があります。

用途は、生のままサラダや飾りに、薄くスライスして塩もみしてもおいしく、甘酢漬けにすると赤い色素が安定してより鮮やかになります。

品種／カラフルファイブ

1 タネまき

15cmほどの深さがあれば容器を選ばない。培養土は、市販品あるいは土10ℓあたり化成肥料を3つまみ（約15g）混ぜたものを用いる。培養土の表面を平らにし、1〜2cm間隔でバラまきする。タネが隠れる程度に培養土を薄くかけ、手で軽く押し鎮圧する。プレッシャー式噴霧器などで水やりする。

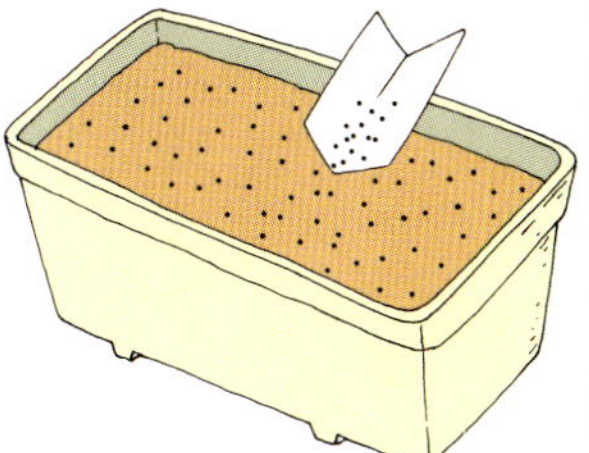

2 発芽

3日ほどで発芽する。収穫までの期間が短いので、追肥は発芽後から約600倍ほどにうすめた液肥を7日おきに施す。

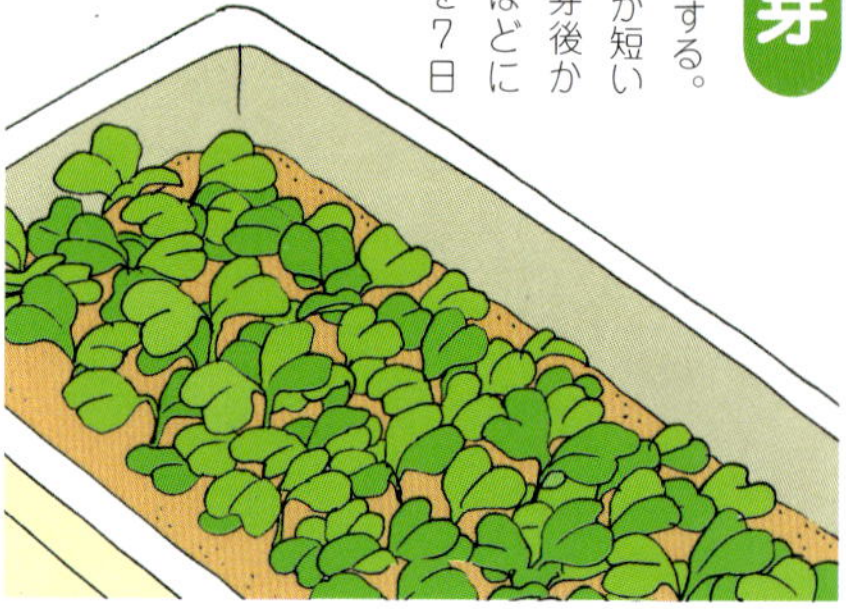

3 間引き・追肥

間引きは、2回に分けて行う。発芽直後1回目の間引きで発芽の遅いもの、奇形のもの、伸びすぎているものなどを間引いて2、3㎝間隔にする。2回目は本葉2、3枚のころ、4、5㎝間隔に間引く。子葉が開いたら、追肥として600倍ほどにうすめた液肥を時期により5～7日おきに施す。

POINT
成長が早いので、間引きのタイミングを逸することのないように注意し、追肥により根部の肥大をスムーズに促す。

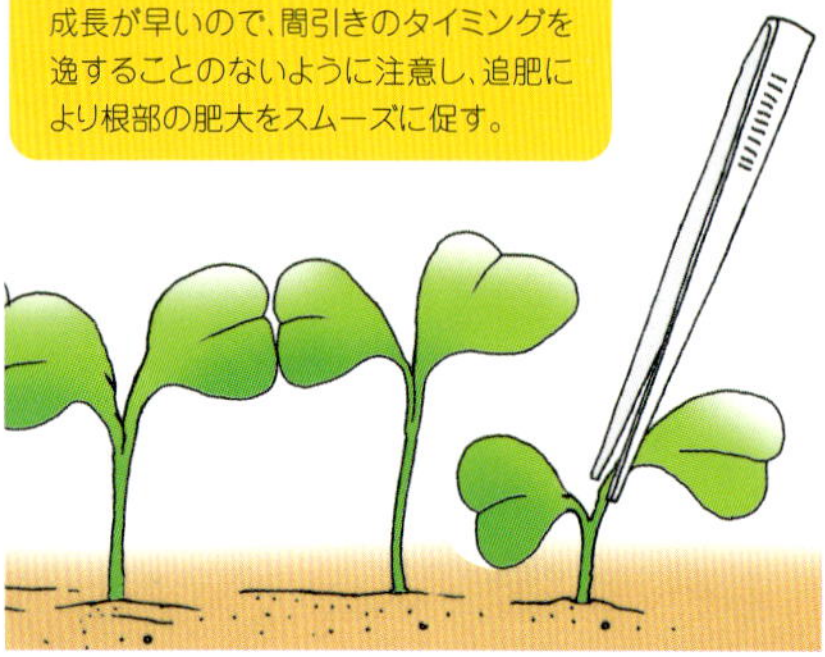

4 収穫

根部が直径2㎝ほどになったものから順次収穫する。

おいしい・レシピ

ラディッシュ
「はちみつサワー漬け」

【材料】（2人分）

ラディッシュ7個　酢70cc　はちみつ30cc　水70cc

【作り方】

①ラディッシュをたて半分に切り、ヒゲをとる。
②深めの容器に酢、はちみつ、水を入れ、ラディッシュを漬ける。
③約30分でできあがり。

根菜類

コカブ

解説と栽培暦（97頁）

古くより好まれていたカブ

カブは、『日本書紀』にも記載されているほどわが国では古い野菜のひとつで、長い歴史のなかで多くの品種が作られてきました。千枚漬けやふろふきには大カブの「聖護院」、中カブには「天王寺」や島根の「津田」、色カブには赤カブ漬けで有名な「飛騨紅」、「野沢菜」もカブの仲間です。そのような数あるカブのなかのミニ野菜でもあるコカブはおもに関東地方で栽培されてきました。作りやすく漬けもの以外にも様々な料理に使える便利な野菜です。

根も葉も豊富な栄養分を含んでいます

カブの根は淡色野菜で、ジアスターゼやアミラーゼなどの消化酵素が多く、葉は緑黄色野菜でビタミンA・B_1・B_2・Cなどのビタミン類、カルシウム・カリウム・鉄などのミネラルが豊富に含まれ、栄養のバランスが極めてよい特長があります。特にビタミンCは、レモン果汁の一・六倍も含まれています。様々な野菜の中でも特に抗酸化作用と血液サラサラ作用の両面に役立つ成分が多いことはあまり知られていません。

適度な湿度を保てる土を使いたい

栽培の際、急激な乾燥や過湿は根が裂ける原因になるので、適度な湿度が保てるような培養土を使います。さらに間引きの回数をこまめにすることもコカブ栽培のポイントになります。

品種の特性を活かし、また、ビニールなどのフィルムで被覆し保温するトンネル栽培などを組み合わせることでより長い期間収穫することができます。

品種／みやしろ

1 タネまき

培養土は市販のもの、あるいは1週間ほど前にあらかじめ土10ℓあたり化成肥料を4つまみ（約20g）を混ぜたものを使う。標準型プランターに、条間10㎝で土の表面に1㎝ほどの溝を2列切り、タネが重ならない程度に条まきし、土を寄せ覆土する。

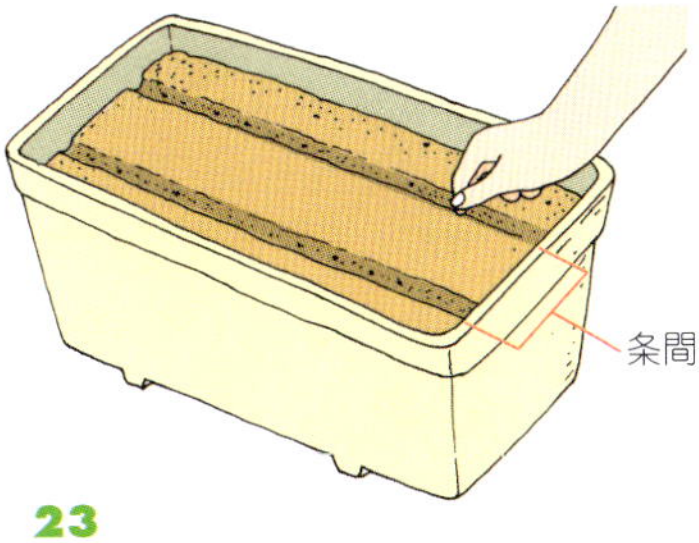

2 発芽

3日ほどで発芽する。

3 間引き・追肥

早くに間引き株間をあけすぎると、生育が進みすぎて根部が裂ける（裂根）原因になるため、間引きは3回に分けて行う。発芽直後の1回目の間引きで、発芽の遅いもの、奇形のもの、伸びすぎているものなどを間引いて1～2㎝間隔にする。2回目は本葉2～3枚のころ、4～5㎝間隔にする。3回目は根が2㎝の大きさのころに株間8～10㎝に間引く。3回目の間引き直後、培養土10ℓあたり5本指で1つまみ半（約7.5g）の化成肥料を施し、その1～2週間後、再び同量を施す。

4 収穫

カブのふくらんだ部分は根ではなく、胚軸と呼ばれるもの。はじめは根だけで支えられるが、太ってくると風などで倒れやすくなることもあるので、土寄せをするとよい。直径5㎝くらいになったものから順次収穫する。

POINT

コカブでは低温期にトンネル栽培することで収穫期を伸ばせる。弓型に支柱をさし、ビニールなどのフィルムをかけ、端を洗濯バサミなどで固定して保温する。

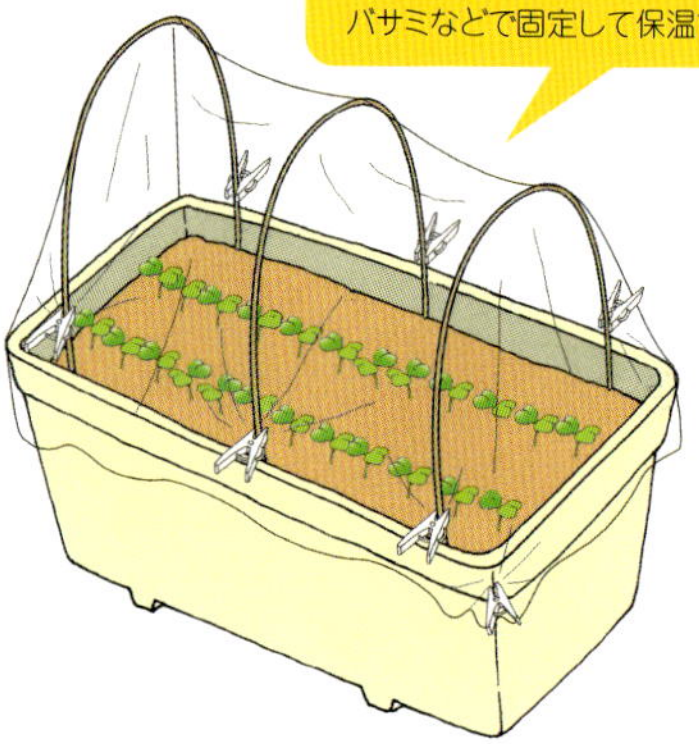

おいしい・レシピ

コカブ

「コンソメ煮」

【材料】（2人分）

コカブ4個　コンソメの素2個　塩小さじ1/4

こしょう少々

【作り方】

①コカブの葉を切り落とし、皮をむく。

②コカブが隠れるくらいひたひたの水に、材料をすべて入れ、沸騰させる。沸騰したら中火でコトコト約20分煮る。

③串でさしてみて、やわらかくなっていたらできあがり。

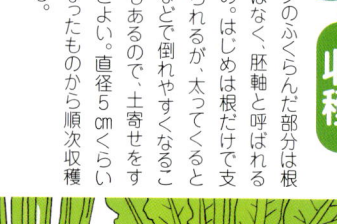

根菜類

ミニニンジン

解説と栽培暦（98頁）

「ベビーキャロット」は長寿品種

代表的なミニニンジンに「ベビーキャロット」と「メヌエット」があります。「ベビーキャロット」は、一九七一年発売の長寿品種で、ミニ&ベビー野菜の中でも比較的古い品種といえます。名前には「ベビー」の名前がありますが、ある程度まで大きくなるとそれ以上は大きくならないいわゆるミニ野菜です。「ベビーキャロット」はスティック形で、「メヌエット」は球形のミニニンジンです。

夏まきは栽培の失敗が少ない

タネまき時期は、三月中旬から四月中旬の春まきと、七月上旬から八月下旬の夏まきに大別できます。春まきでは、抽だいしにくく、生育後半の根の肥大期が高温・乾燥の時期にあたるので、ポリマルチを畑に敷いてそこにタネまきします。夏まきでは、晴天が続くと、高温・乾燥で発芽が低下してしまうので注意が必要ですが、梅雨が明ける少し前の乾燥しにくいときにタネまきすることでこの問題は回避できます。一般的に夏まきのほうが失敗は少ないです。

根菜類の基本は直まき

ニンジンなど根菜類は、収穫する場所に直接タネまきする直まきが基本です。その際、堆肥や腐葉土など分解の進んでいない肥料や濃度の濃い肥料があると、根の正常な肥大を妨げ、ほかの根菜類と同じように岐根《きこん》いわゆるまた根の原因になるのでやはり前作に施します。

「ベビーキャロット」と「メヌエット」は固定種で香りが強い特長があります。収穫したときの香りに、思わず昔のニンジンのことを思い出されることでしょう。

品種／メヌエット

1 タネまき

市販の培養土、あるいはタネまきの1週間ほど前にあらかじめ土10ℓあたり苦土石灰を5本指で1つまみ半（約7.5g）と化成肥料を3つまみ（約15g）を混ぜた培養土を準備する。湿らせた土の表面に標準型プランターなら条間10㎝で土の表面に1㎝ほどの溝を2列切り、タネが重ならない程度に条まきする。ニンジンは、発芽に光が必要なので、覆土はタネがかくれる程度にし、軽く手で押し、プレッシャー式噴露器などで十分に水やりする。

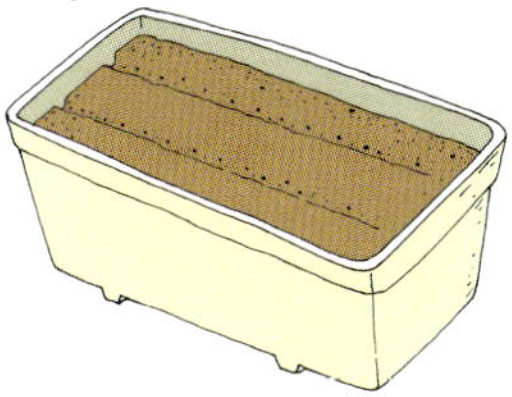

2 発芽

乾燥すると発芽しにくいため発芽まではこまめに水やりする。7〜10日間で発芽する。

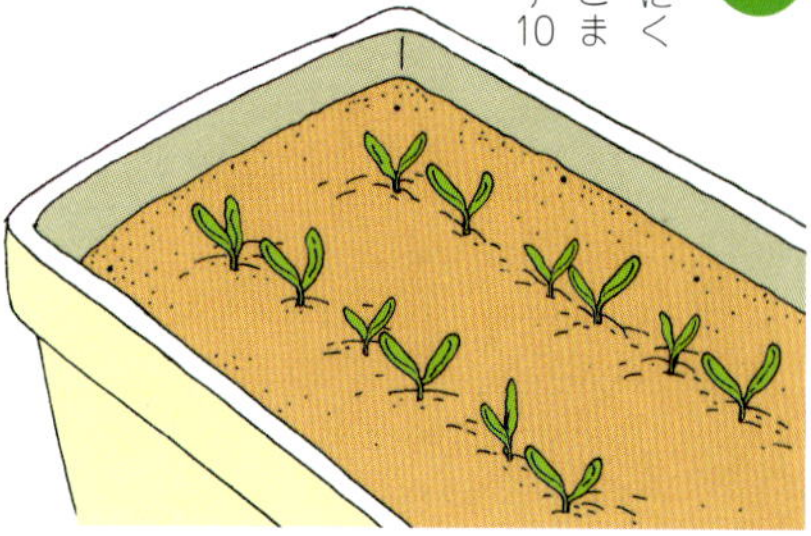

3 間引き・追肥

間引きは、3回に分けて行う。1回目は、子葉が開いたら込み入ったところを間引く。2回目は、本葉2、3枚のとき、3㎝間隔に。3回目は、本葉5、6枚のとき、生育が平均的なものを残し、品種により5〜10㎝間隔に間引き、条間に同時に化成肥料20gを追肥する。

4 土寄せ

根が肥大するまでは株が倒れやすく、また肥大してからは、上部が地表に露出していると根の肥大部分が緑色になってしまうので、数回株元に土寄せする。

5 収穫

タネまき後、100日ほどで収穫できる。

POINT

発芽までは乾燥を防ぐため、梅雨時にタネまきするといった工夫や梅雨を過ぎてからのタネまきでは、発芽まで新聞紙を1枚かけておくのもよい。

アイデア

根が伸びて肥大することを考え、コンテナは、3寸(9cm)ニンジンほどまでなら土の深さが15cm以上、5寸(15cm)ニンジンほどまでなら土の深さが20cm以上になるものを準備する。

おいしい・レシピ

ミニニンジン

「サラダ寿司」

【材料】(2人分)

ミニニンジン6本　バター10g　砂糖大さじ1　米1合
市販すし酢30cc　パセリ2房　プロセスチーズ50g
ハム10g

【作り方】

①鍋にバター、砂糖、ニンジンをすべて入れ、水をひたひたに加えて煮てグラッセを作る。グラッセにしたニンジン2本分を輪切りにする。
②炊きたてのご飯にすし酢を入れ、酢飯を作る。
③チーズとハムを5cm角に切り②の中に入れる。器に盛ってパセリとニンジンを添える。

根菜類

ミニダイコン

解説と栽培暦（99頁）

使い切りできる大きさが魅力

ダイコン、長ネギ、ハクサイといえば、スーパーで買い物をして運ぶのに困る野菜のラインナップですね。主婦でなくとも、買い物をしたことがあれば誰でもそう感じているのではないでしょうか。おかげで、ハクサイやダイコンはカットされる破目に。カットされれば、切ったところから鮮度は落ちていきます。それに、買う側の心理としては、包丁が入っていない野菜を買いたいものです。

では、買い物袋にすっぽり入り、新鮮で、使い切りできるサイズのダイコンがないのかというとそんなことはありません。ミニダイコンと呼ばれる短根種のダイコンがちゃんとあります。普通のダイコンの根長が三〇～四〇cmになるのに対し、ミニダイコンの根長は、品種により一〇cmから二五cmほどと様々です。

小さなスペースで手軽に作れる

ミニダイコンなら、ベランダや小さなスペースの畑でも手軽に作れます。ベランダでは市販の培養土とその袋を用いることで二五cmほどの長さのミニダイコンの栽培も可能です。

冬まきは注意が必要

タネまき時期と収穫までの日数は、品種により異なりますが、収穫までの日数は、春や秋まきではおよそ四五～五〇日ほど、冬まきでは六〇～九〇日ほどです。特に、冬まきは、タネまき時期が一二～二月の厳寒期で、発芽が始まってからすぐ低温にあうと花芽分化して抽だい（とう立ち）してしまうので、袋の口のまわりに支柱をしてビニールで囲い防寒するなどの工夫が必要です。また、抽だい前に収穫してしまうのも栽培のコツです。

品種／ころ愛

1 タネまき

培養土は、市販品あるいは土10ℓあたり化成肥料を5本指で3つまみ（約15g）を混ぜたものを用いる。株間が10cm以上になるように、指で1cmほどの深さのまき穴を作り、5、6粒ずつ点まきする。覆土し、しっかり水やりする。日当たりのよい場所に設置し、発芽までは乾かさないように注意する。

2 間引き・追肥

発芽後は本葉が出るまで乾かし気味に管理し、徒長を防ぐ。その後、間引きを2回する。1回目は本葉2、3枚までに、1カ所2株に間引きし、2回目は5、6枚までに、1カ所で1株にする。本葉4枚ほどから追肥として化成肥料を1株あたり3本指で2つまみ（約3g）を10～14日おきに合計3回ほど施す。

3 増し土

2回目の間引き後、苗が倒れるようならば土を入れて倒れないようにする。

POINT

根菜類のダイコンは、移植すると根が傷み、形が悪くなるので、直まきする。

アイデア

ベランダなどで用いる容器には、根長が10cmほどの品種では、深さ20cmほどのコンテナを使う。根長がやや長い25cmほどの場合、役立つのが**1**のタネまきの図のような20ℓ入りの市販の培養土の袋。袋の口を横に切り、袋を縁から巻き下げて、口を大きく開ける。そして、底の部分に水の抜ける穴を串などで開ければ簡易コンテナができあがる。

4 収穫

収穫のタイミングを逃すと、ス入りになるので、早めに収穫する。特に11～3月まきは、とう立ち（78頁参照）しやすいので、株のまわりに支柱をしてビニールで覆うトンネルで防寒し（24頁参照）、とう立ちする前に収穫する。

おいしいレシピ ミニダイコン

「味噌漬け」

【材料】（2人分）

ミニダイコン1本　家庭用味噌適宜

【作り方】

①ミニダイコンの葉を切り落とし、たてハツ割に切る。
②バットに味噌をしきつめ大根を並べ、上からも味噌をぬる。
③20分以上バットでねかせ、味噌をこそげとりできあがり。

果菜類

ミニトマト

解説と栽培暦（100頁）

飛行機の機内食として普及

ミニトマトは、もともとは飛行機の機内食用に使われ、全国に普及していった野菜です。大玉のトマトよりも甘いので子供にも人気があり、今ではすっかりお弁当の中の定番野菜としての地位を確立しています。

ミニは大きいトマトより高い栄養価

栄養価は、ほとんどの成分が大玉トマトを上回り、ビタミンCやE、カロテン、カリウムが豊富です。特に、トマトの赤い色素のリコピンは、ベータカロテンの二倍の抗酸化力があることから注目されています。

栽培時は気温に注意

ミニトマトの栽培で多い失敗が、タネまきのときの温度のとり方、あるいは買ってきた苗の植えどきです。いずれも気温が大きく関係しています。トマトの発芽適温は二五～三〇℃、生育適温は二〇～二五℃と高めです。それなのに、タネまきのときに発芽適温を維持しなかったり、苗を買ってきた時期がまだ生育適温にいたっていないのに定植してしまったり、といったことで失敗してしまうのです。そこで、気温が二二～二六℃ほどになるヤエザクラの咲き始めから終わりまでころを目安にこれらの作業を行います。購入苗なら、買ってきてすぐに植えるのではなく外気温に少しずつならす「ならし」作業が必要です。

ところで、これまでに登場したミニトマトは、色や形が実に様々ですが、なかでも、プラム形のミニトマト「アイコ」が発売以来人気です。この「アイコ」は、リコピン含量が従来品種の約二倍に高められ機能的にも優れ、甘みもよくのり、その形だけではなく中身もユニークです。

品種／アイコ

1 タネまき

育苗用培養土を入れた直径5.5㎝のジフィーポットあるいは直径6㎝のポリポットに、1㎝ほどのまき穴を作り、3、4粒ずつ点まきし、覆土する。高温でないと発芽しないので、保温容器に入れ、昼間は戸外、夜間は室内へ入れる。大きなポットで保温が可能な場合は直接12㎝のポリポットにタネまきして3の仮植をスキップしてもよい。

2 発芽・間引き

5〜7日で発芽する。発芽後は、日当たり、風通しのよいところで育て、本葉2枚までに1本に間引く。

3 仮植

本葉2、3枚で直径10.5または12㎝のポリポットに仮植する。その際、1鉢に3本指で1つまみ（約1.5g）の化成肥料を施す。

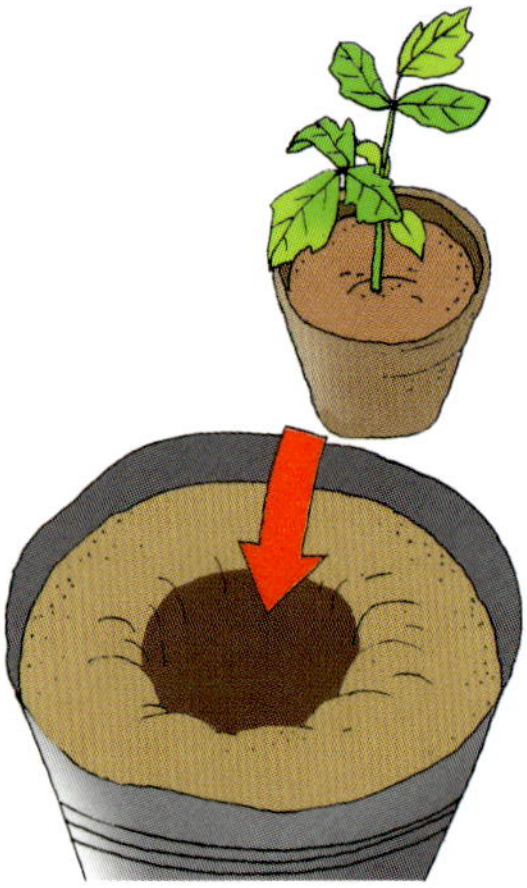

4 定植

本葉7、8枚で最初の花が咲き始めるころ定植する。定植前、株は水にたっぷりつけておく。定植は、茎を後で支柱に巻きやすくするため、斜めに浅植えし、支柱を立て、たっぷり水やりする。このとき、果実がつきやすくなるように、培養土10ℓあたり過リン酸石灰3本指で2つまみ（約3g）を混ぜておく。定植後は、第1花房の果実が膨らみ始めたころから7〜10日おきに、5本指で1つまみ（約5g）の化成肥料を施し、水やりもまめにする。

5 誘引

支柱の周りに茎をらせん状に巻き付け誘引する。こうすることで茎をまっすぐ誘引するよりも多くの花房をつかせることができ、収穫を増やせる（「らせん栽培」）。茎が伸びたら茎全体を下げてまた伸ばすことを繰り返す。茎を支柱に誘引するときはひもを8の字を描くように結ぶ。

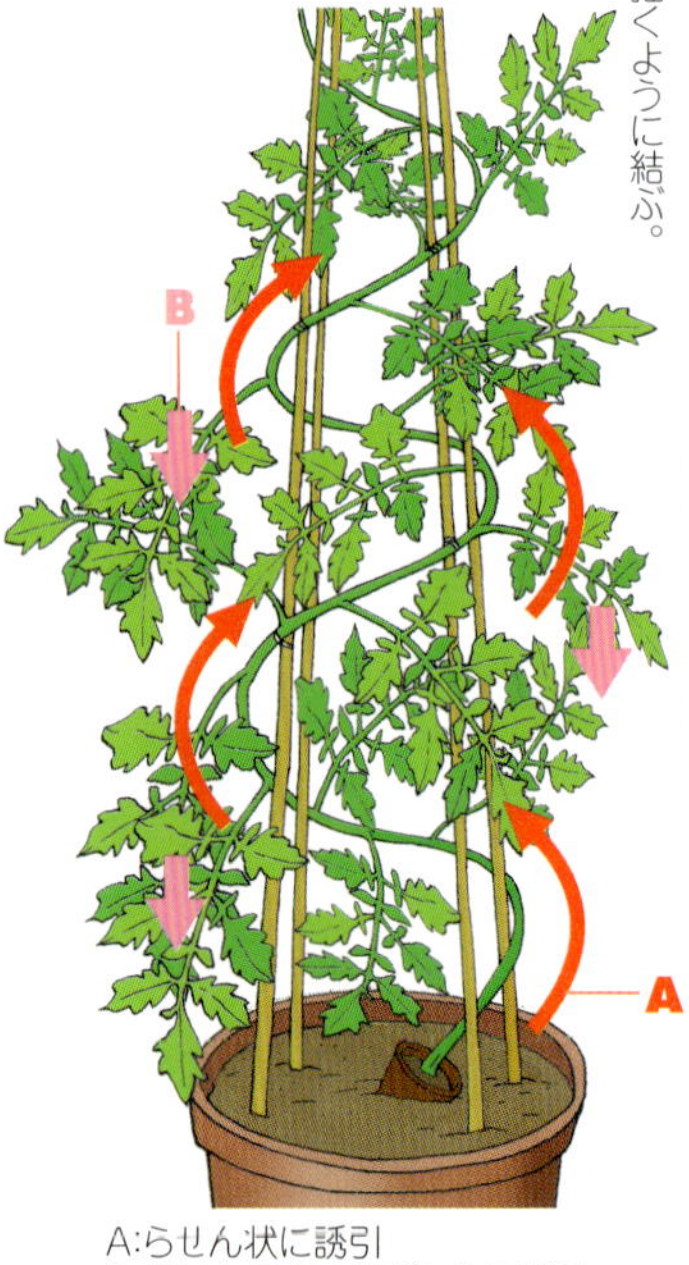

A:らせん状に誘引
B:茎はある程度伸びたら下げる

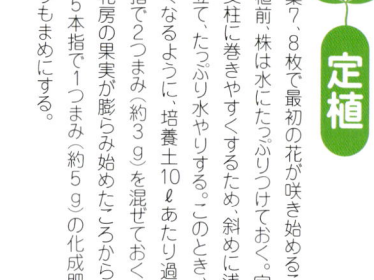

6 わき芽かき

葉のつけ根から出るわき芽は早め早めに手を使いかきとる。

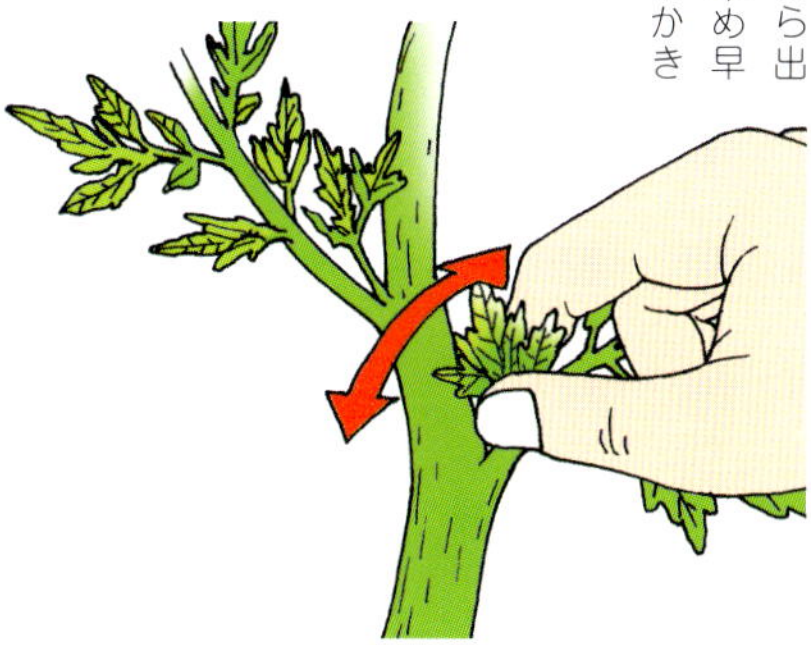

7 着果促進

着果を促すため、第1花房（初めに咲いた花の集まり）に3つから5つ花が咲いたら規定濃度に薄めたトマトトーンなどの成長調節剤を噴霧する。これを、3、4日ごとに未噴霧の花にかけてやる。2段目以降も同様に。

8 収穫

タネまき後、90日ごろから収穫できる。

POINT

追肥は、第1花房の果実が膨らみ始めたころからする。早い時期に肥料を効かせると、株の勢いが強くなって花が落ちやすくなり、着果しにくくなる。

おいしい・レシピ

ミニトマト

「チーズのオムレツ」

【材料】（1人分）

ミニトマト2個　プロセスチーズ20g　卵2個

バター10g　サラダ油小さじ1　塩少々

【作り方】

①ミニトマトは4つに輪切り、プロセスチーズは1cm角のさいの目切りにする。

②卵2個を割り、塩を少々入れ、よく溶きほぐす。

③熱したフライパンにサラダ油を入れ、バターを溶かす。そこへ卵、チーズ、トマトを入れ、大きくかき混ぜてオムレツにまとめたらできあがり。

果菜類

フルーツパプリカ

解説と栽培暦（101頁）

果実の色が多彩なパプリカ

パプリカといえば、ベルタイプと呼ばれる果実が大型のジャンボピーマンを想像される方が多いと思います。食卓でもすっかりおなじみになったパプリカは、最近さらに果実の色も豊富になってサラダの彩りにはもってこいの野菜になっています。その色は、赤、オレンジ、黄、白、紫、あずき、黒、緑と実にカラフルですが、なんといっても大きいのですべてを買ってきた日には冷蔵庫はパプリカに占領されてしまうかもしれません。

フルーツパプリカは赤、黄、オレンジ、グリーンの四色あります

そこで、カラフルなパプリカをもっと手軽に使ってもらうために登場したのがフルーツパプリカです。現在、フルーツパプリカには果実が熟すと赤くなる「セニョリータレッド」、黄色くなる「セニョリータゴールド」それにオレンジ色になる「セニョリータオレンジ」の三品種があり、これら三色とそれぞれの未熟果のグリーンの合計四色が楽しめます。大きさは手の中にすっぽり収まるミニサイズで、ちょうどカキのような形をしています。

ミニのほうが大きいものより育てやすい

形や大きさだけでなく栄養価がずばぬけているのが「セニョリータ」の特長です。ビタミンCはレモン果汁の約三倍、特にレッドのカロテンは、ニンジンとほぼ同量、糖度も高く、完熟果ならスイカ並みに甘くなります。

「フルーツパプリカ」なら果実が大型の品種よりも、早生で着果数も多く栽培も容易です。

品種／セニョリータレッド
セニョリータゴールド
セニョリータオレンジ

1 タネまき

育苗用培養土を入れた直径5.5㎝のジフィーポットに、5㎜くらいの深さに3、4粒ずつ点まきし、覆土する。高温でないと発芽しないので、保温できる容器に入れ、昼間は戸外へ、夜間は室内へ入れる。保温スペースが広くとれるなら直接、直径12㎝のポリポットにタネまきして3の仮植をスキップしてもよい。

2 発芽・間引き

10日ほどで発芽する。本葉2、3枚までに順次1本に間引く。

3 仮植

ジフィーポットにタネまきした場合は、本葉2、3枚で直径10·5または12㎝のポリポットに仮植する。その際、1鉢に3本指で1つまみ（約1.5g）の化成肥料を施す。

4 定植

本葉10枚前後で最初のつぼみが開く少し前に直径30㎝の鉢に植え付ける。培養土は、10ℓあたり過リン酸石灰を3本指で1つまみ（約1.5g）を混ぜておく。定植前に株を水につけてから浅植えし、支柱し、たっぷり水やりする。

5 定植後管理

株が大きくなってきたら最初に枝分かれした2本（B）とその次に枝分かれした1本か2本を残し、支柱を立てる。その後は、弱い枝は除くようにする。最初と2番目の枝分かれに着いた花はつみ取り（A、C）、株が強くなる3番目の花から完熟果を収穫する。最初の花より下の葉のつけ根から出るわき芽は早めに取り除く。最初の果実が直径1㎝ほどのとき、IBやCDUなどの緩効性肥料1にぎり（約30g）を株元から離れた鉢ふちに施す。その後、月に2、3回、株の勢いを見ながら3本指で2つまみ（約3g）の化成肥料を追肥する。

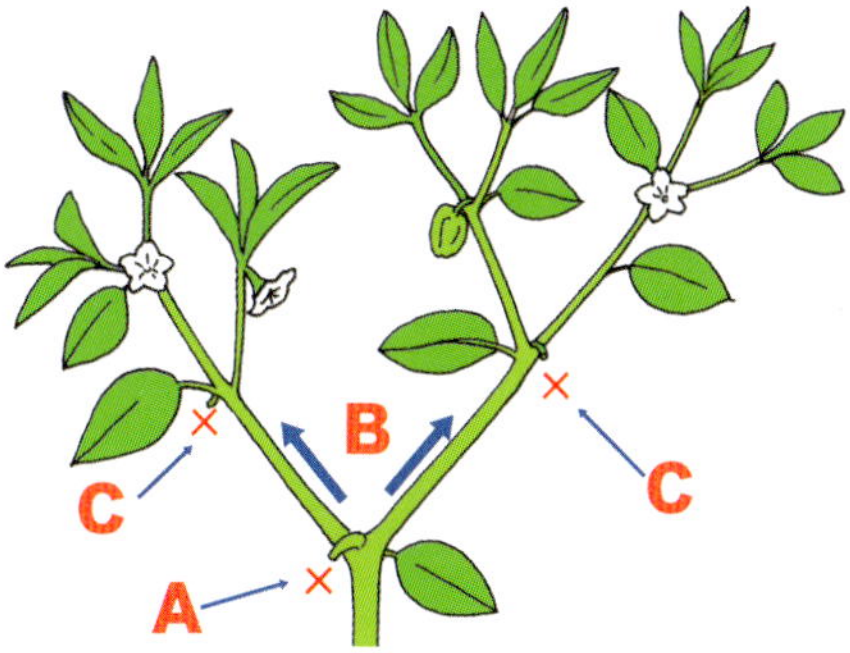

AとCは花のうちに摘む

6 摘果・わき芽つみ

真夏は果実が日焼けすることもあるので、寒冷紗などで軽くシェードする。果実がつきすぎると株が弱るので、適度に幼果を間引き(摘果)し、株の負担を減らす。完熟果だけでなく未熟果の収穫もする。また、不要な分枝やわき芽も小さいうちに適度に間引く。

7 収穫

色のついた完熟果はタネまき後、140日目ごろから収穫できる。

POINT
初期の果実は摘みとり、水やりや追肥の回数を多めにして株を作ると、果実のつきがよくなる。

おいしいレシピ

フルーツパプリカ
「肉詰め」

【材料】(2人分)

フルーツパプリカ2個　豚ひき肉100g　タマネギ1/4個　パン粉10g　卵1個　塩小さじ1/4　こしょう少々

【作り方】

①タマネギのみじん切りをサラダ油小さじ1(分量外)で炒め、冷ましておく。

②フルーツパプリカ以外の材料をボールに入れ混ぜ合わせる。

③フルーツパプリカのへたの部分を平らに切り落とし①を詰める。

④フライパンに油をしき、切り口の部分から焼いていく。裏返しながらまわりも焼いて、フライパンにふたをして肉に火が通ったらできあがり。

果菜類

コナス

解説と栽培暦
（102頁）

インド、中国を経て日本に上陸

インド原産のナスは、中国を経由して日本へ入ってきました。奈良時代にはすでに栽培されていた記録があり、私たちとナスとのつき合いは一二〇〇年以上の歴史になるということになります。そのような長い歴史のなかでミニ野菜コナスも誕生しました。品種は丸ナスと、私たちがふだん食べているナスの形をそのまま小さくしたいわゆる中長ナスのミニ品種があります。

温度管理が発芽のポイント

ナスの発芽適温は、二五～三〇℃と高めなので、ミニトマト同様にタネまき時期の温度管理が重要です。しかも昼間は三〇℃、夜間は二五℃ほどに低くする変温状態のほうが発芽はよくなる性質があります。

株を弱らせず、落花にも注意

ナスの花は、葉数二枚ごとに花をつける性質がありますが、果実をつけすぎると株が弱ります。普通ナスの花は、めしべの長さがおしべよりも長い長花柱花ですが、株が弱るとめしべがおしべよりも低くなる短花柱花になって落花しやすくなります。さらに、光が少なくても、開花時の温度が一六℃以下あるいは三二℃以上でも落花しやすくなります。

コナスは、果実が小さい分、株のスタミナは低下しにくく作りやすいですが、早まきした株などでは、盛夏の高温下では落花や変形果が増えたり枝が細くなったりして、七月下旬ごろ生育や果実の品質がおとろえてきます。そのころ太めの枝に大きめの元気のよい葉を一、二枚残し、枝を三分の一ほどに切りつめる「更新せん定」を行います。一カ月ほどで切りつめた枝から新しい枝が芽ぶき、株が若返り、秋にふたたびおいしい秋ナスが収穫できるようになります。

品種／うす皮味丸

1 タネまき

タネは、育苗用培養土を入れた直径6㎝のポリポットあるいは直径5.5㎝のジフィーポットに、1㎝ほどのまき穴を作り、3、4粒ずつまき、覆土する。高温でないと発芽しないので、保温容器に入れ、昼間は戸外へ夜間は室内へ入れる。大きなポットでも保温が可能な場合は直接12㎝のポリポットにタネまきして**3**の仮植をスキップしてもよい。

2 発芽・間引き

7〜10日で発芽する。発芽後は、日当たり、風通しのよいところで育て、本葉2枚までに1本に間引く。

3 仮植

ジフィーポットにタネまきした場合は、本葉2、3枚で直径10.5または12㎝ポリポットに仮植する。その際、1鉢に3本指で1つまみ（約1.5g）の化成肥料を施す。

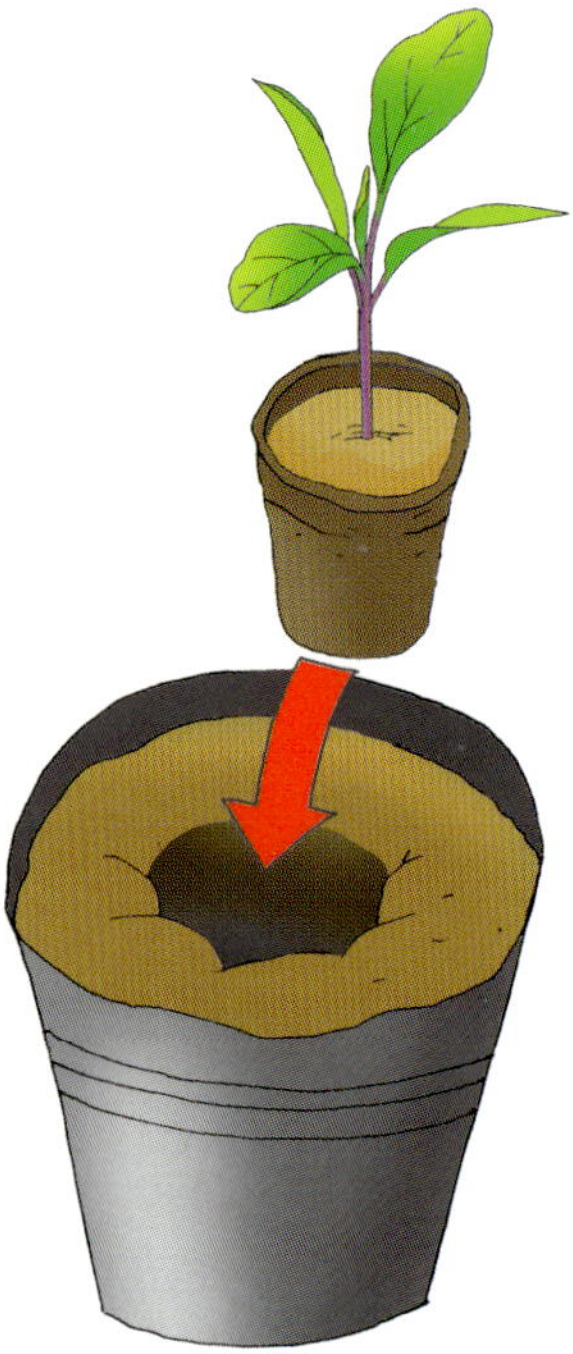

4 定植

本葉6、7枚で最初の花（第1花）が咲き始めるころ、株に水をつけてから直径30㎝の鉢に浅めに定植し、たっぷり水やりする。そして仮の支柱を立てる。このとき、培養土には果実がつきやすくするため10ℓあたり過リン酸石灰を3本指で2つまみ（約3g）を混ぜておく。

5 定植後管理

第1花の果実が膨らみ始めたころから7日おきに、5本指で1つまみ半（約7.5g）の化成肥料を施し、水やりもまめにする。

整枝は主枝と第1花（最初に咲く花）の下のわき芽1本あるいは2本を伸ばす。（伸ばす芽以外の第1花の下のわき芽はすべて早めにかく）。支柱もそれに合わせて2、3本立てる。ナスは水を吸収して、大きく太っていくので水やりはまめにする。

6 収穫

タネまき後、100～110日くらいで収穫。

POINT 1

暑さで株が疲れてくると、イラストのような短花柱花が多くなり、果実にならずに落花してしまう。こうなったら、更新せん定をして株を若返らせる。

長花柱花　　短花柱花

7 更新せん定

株が疲れてきたと感じたら更新せん定を行う。枝は、葉を1、2枚つけて切りつめる。このころ、根が鉢いっぱいに張り水分や養分を吸収しにくい「根づまり」になっているので、同時に鉢ふち付近の土を移植ゴテなどで起こし多少根を切り、増し土をする。

葉のわきから新しい枝が伸びはじめたら、5本指で3つまみ（約15g）の化成肥料を施す。更新せん定後、約40日で再び収穫できるようになる。

POINT 2

開花時の温度が、16℃以下あるいは32℃以上だと受粉・受精がうまくできず、花が落ちるので、着果を促すため、規定濃度に薄めたトマトトーンなどの成長調節剤を噴霧する方法もある。

おいしいレシピ

コナス

「コナスの揚げ煮」

【材料】（2人分）

コナス4個　しょうゆ大さじ1 1/2　砂糖大さじ1/2　サラダ油適宜　だし汁200ml

【作り方】

①コナスのへた部分のひだを切り、皮に縦の細かい切れ目を入れ、サラダ油で1分くらい、素揚げする。

②沸騰しただし汁に、しょうゆ、砂糖を入れ煮汁を作る。

③②にコナスを入れやわらかくなるまでふたをして煮込んだらできあがり。

果菜類

ミニ&ベビーキュウリ

解説と栽培暦
（102頁）

「ミニ」と「ベビー」の違い

スーパーの青果売り場や八百屋さんの店先で見かける「姫キュウリ」や「もろキュウリ」と呼ばれるキュウリの多くは「リル」とか「サラ」といったミニキュウリです。ミニなのでこれらの品種は、ある程度の大きさに達するとそれ以上の大きさにならないか、なっても過熟になってしまうキュウリということになります。それに対し、最近、増えているのが普通のサイズになるキュウリを早採りするベビーキュウリで、イボなしキュウリの「フリーダム」がその代表品種です。

雌花がたくさんつく品種を選ぶことが多収穫のポイント

いずれにしても、たくさんキュウリを収穫したいのなら、雌花ができるだけ多く親づるの各節につく、いわゆる「節なり」性の強い品種を選ぶことです。さらに、キュウリは、果実がつき始めるとうどんこ病が出やすく、みるみる葉がボロボロになり株が弱っていくので、こういった病気に対して耐性のある品種を選ぶことも重要なポイントです。「フリーダム」は、節なりで病気にも強く、なによりも馬力があり株が疲れにくいのでたくさんのベビーキュウリが収穫できます。もちろん、味もよいのでおすすめします。

連作を避けて。新しい土を使おう

通常、キュウリは、連作障害をおこしやすい野菜なので、同じ土で続けて栽培することは避け、場所を変えるか、新しい土を使うようにします。そのような栽培上の制約はあるものの、キュウリは、果菜類の中でも収穫に至るまでの期間が七〇日程度と短く、初心者でも比較的取り組みやすい野菜のひとつです。

品種／フリーダム

1 タネまき

育苗用培養土を入れた直径10・5㎝のポリポットに1㎝ほどのまき穴を作り、タネを3粒点まきし、覆土する。発芽まで土を乾かさないようにこまめに水やりする。

2 発芽・間引き

3日ほどで発芽する。発芽したら水やりは、午前中の早い時間（10時くらいまでが好ましい）に行い、乾かし気味に管理する。間引きは2回する。1回目は、本葉1枚で2本に、2回目は、本葉2、3枚で1本にする。

3 定植

本葉4枚まで育てた苗を、定植前に鉢部分を水につけ土を湿らせておき、風の強くない日に浅植えする。80cmほどの長さで容量60ℓの大型プランターに、市販の培養土あるいは土10ℓあたり過リン酸石灰を5本指で1つまみ（約5g）混ぜた培養土を入れ、株間20cmで4株を定植する。直径30cmの鉢に1本植えしてもよい。

4 ネット張り→整枝

定植後2週間でつるをはわせるためのキュウリ用のネットを張る。ネットは、種苗店やホームセンターの園芸売り場でも入手が可能。本葉5枚目までの子づるは早めに取り除く。本葉6枚目以降の子づるは、1、2果程度つけ、先端を切る。親づるは手が届かなくなったら、先端を切り取り、子づるを伸ばす。

※イラストでは本葉を省略しています。

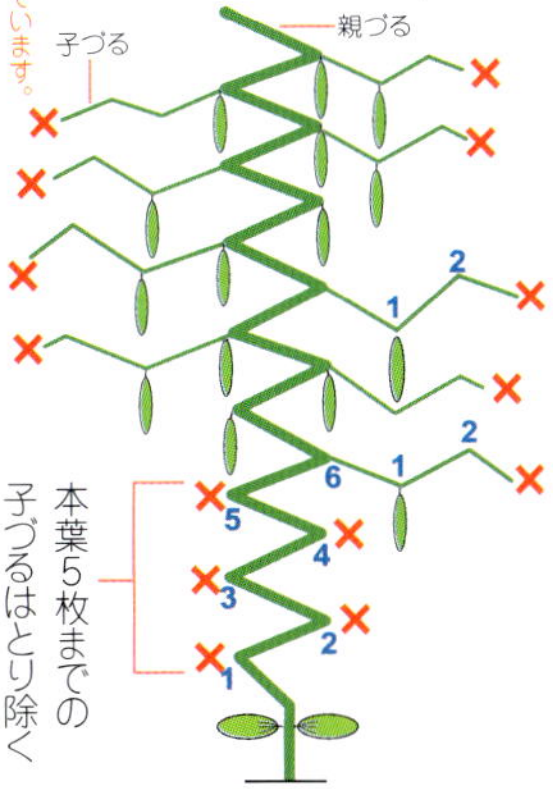

5 収穫

10〜15cmほどの長さになったら収穫。キュウリは、最初の収穫に至るまでの期間がタネまき後約70日と短く、育てやすい。

POINT
根は浅く地表面に近いところで育つので、乾燥を防ぐため、落葉やワラなどを土の上にかけ保護するマルチを行う。

おいしいレシピ
ミニ&ベビーキュウリ
「甘酢漬け」

【材料】（2人分）
ミニ&ベビーキュウリ4本　すし酢適宜　すし酢の2倍の水

【作り方】
①ミニ&ベビーキュウリのへたをとってたて半分に切る。
②コップにすし酢と水を入れそこにキュウリをさしこみ約10分でできあがり。

果菜類

ミニカボチャ

解説と栽培暦（103頁）

ネットを張ってあんどん栽培

カボチャが空中になっている姿を想像できますか? 普通の大きさのカボチャなら、なかなかむずかしいようなことが、手のひらサイズのミニカボチャならできます。ミニカボチャをあんどん栽培すると高い位置にカボチャができるので収穫するのに腰をかがめなくてもよく、立体的に土地を利用できるので、狭い面積でも収量が多くなります。壁面やベランダなどにネットを張って栽培することもできます。畑で栽培した場合は、大玉のカボチャよりも多くの果実を収穫できます。コンテナ栽培でも一株に一、二個の果実は期待できます。

着果しやすい「栗坊」

ミニカボチャの品種にはいくつかありますが、おすすめは「栗坊」です。多くの植物が両性花といってひとつの花の中にめしべとおしべがあります。これに対し、カボチャをはじめとしたウリ科植物は、単性花といい、ひとつの株の中にめしべのある雌花とおしべのある雄花が別々に咲きます（雌雄異花）。そのため、確実に果実をつけさせるためには人工授粉が必要です。しかも、花粉の寿命が短いので雌花・雄花が咲いたその日に授粉しなければならないのですが、タイミングがあわずに授粉できない雌花も多いのです。「栗坊」は、雌花の数が多くほぼ三、四節おきに雌花が咲くので、授粉のチャンスが多く確実に実を成らせます。複数株栽培し、雌花と雄花の開花のタイミングを合わせやすくします。

つる伸びよければ収量大

果実がつき始めると株のスタミナが落ち、つるが伸びなくなり、それ以上実がつきにくくなります。「栗坊」の場合、果実がついた後でもつる伸びがよいので畑などに直接植えればそれだけ収量が多くなります。

品種／栗坊

1 タネまき

育苗用培養土を入れた直径10.5〜15㎝のポリポットに1㎝ほどのまき穴を作り、2粒を離して点まきし、覆土する。比較的低温でも発芽するが、発芽をそろえるため保温容器に入れるとよい。保温容器は日当たりのよいところに置く。発芽までは乾かさないように注意。

2 発芽・間引き

4日前後で発芽する。発芽後は乾かし気味に管理。間引きは本葉2枚までに1本にする。

3 定植

タネまき後約30日で、本葉が3枚になったら直径30㎝の鉢に浅植えで定植する。苗は定植前によく鉢土をしめらせておく。培養土には、10ℓあたり過リン酸石灰を5本指で1つまみ半（約7.5g）あらかじめ混ぜておく。苗には仮の支柱を立てる。

POINT 1

吸肥力が強く、つるボケしやすいので、定植の際に元肥として化成肥料などのチッソ分は施さないようにする。

4 整枝

親づるのみ、あるいは親づるのほか11節目ぐらいまでに子づるを1本伸ばす。それ以外の子づるは早めにかきとる。つるが伸びてきたら1ｍほどの支柱を4～5本立て、つるを支柱にはわせる。

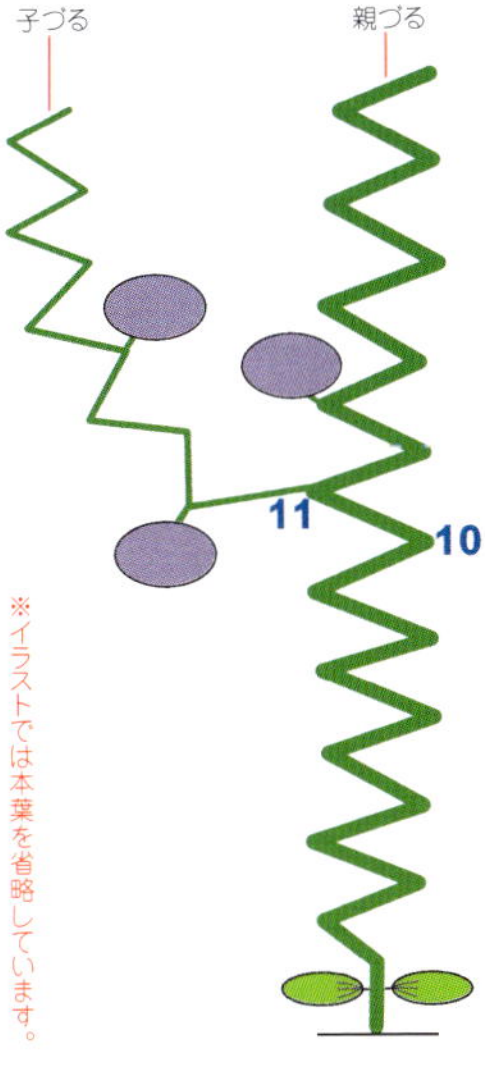

※イラストでは本葉を省略しています。

5 人工授粉

雌花は、3〜5節おきに着生するので1つる1〜2果ずつ人工授粉し、残りは摘花する。授粉は朝6〜9時の間に行う。追肥は最初の着果が確認できたら、1株あたり5本指で2つまみ(約10g)を株元から離して施す。

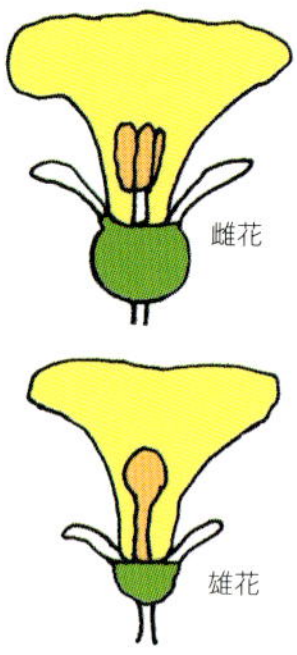

POINT 2
雌花の開花に合わせて雄花を咲かせることが人工授粉では重要。複数の株を育てると人工授粉の機会が増える。

6 収穫

交配後約40日、ヘタ(果梗)にコルク状のヒビが入ったら収穫する。収穫してから1週間ほど追熟させると甘みが増し、よりおいしくなる。

おいしい・レシピ
ミニカボチャ
「ひき肉づめ」

【材料】(2人分)
ミニカボチャ1個　タマネギ1/4個　豚ひき肉70g　卵1個　木綿豆腐1/3丁(水切りしたもの)サラダ油適宜　**(下味用調味料)**しょうゆ大さじ1/2　砂糖大さじ1　**(だし汁用調味料)**しょうゆ大さじ4　砂糖大さじ4

【作り方】
①ミニカボチャの上1/4のところを平らに切り落とし、中の種を取り除く。切り取った上の部分は、後ほどフタとして使うのでとっておく。
②タマネギをみじん切りにして、サラダ油をひいたフライパンで炒める。
③豚ひき肉、タマネギ、卵、木綿豆腐、下味用の調味料をボールに入れて、よく混ぜ合わせ、カボチャの中に入れる。
④味がしみこむように、カボチャの皮に数カ所、フォークで穴をあける。
⑤なべにカボチャがかくれるくらいの水と調味料を入れる。その中にミニカボチャ、切り落としたフタ部分を入れ、コトコト約30分煮る。
⑥鍋からカボチャを出して、半分に切ってできあがり。

果菜類

ミニメロン

解説と栽培暦（103頁）

甘みにあたりはずれのない「プリンス」

ミニメロンには、「プリンス」があります。一九六二年にサカタのタネがヨーロッパのシャランテと日本在来のマクワウリを交配して作りました。当時、「プリンス」は、全く新しいタイプのメロンとして登場しました。そのころ、メロンは高級で、とてもふだんの食卓に並ぶ代物ではありませんでした。その時代に、プリンスは甘みにあたりはずれがなく、露地でもたくさん作れるなどのメリットがあったため、手ごろな値段で気軽に楽しめるメロンとしてたちまち普及しました。

コンテナ栽培すればミニメロンになる品種も

また、ハウス（ネット）メロンも、コンテナ栽培した場合にはミニで楽しむことができます。ただし、これはコンテナの大きさによって根圏が限定され小さくできるためです。この場合おなじみの「アンデス」や赤肉メロンの「マルセイユ」などが作りやすいです。

雌花と雄花の開花時期を合わせたい

メロンも、カボチャ同様ウリ科の植物で、ひとつの株の中に雄花と雌花があります。ハウス型メロンは、親づるの葉のつけ根（葉えき）から出た子づるに、マクワ型メロンはさらに子づるから出た孫づるに雌花がつきやすい性質があります。品質により整枝のちがいがあります。

カボチャなどと同じように人工授粉が必要なので、複数株を栽培して、雌花と雄花の開花のタイミングを合わせることも大切です。

品種／プリンスＰＦ

1 タネまき

直径10・5㎝のポットに育苗用培養土を入れ1㎝ほどの深さのまき穴を作り、タネを2粒点まきし、覆土する。発芽適温が高いので、発芽までと育苗中は保温容器に入れる。保温容器は日当たりのよいところに置く。

2 発芽・間引き

5日ほどで発芽する。発芽までは乾かさないように注意。発芽後も保温容器で育て、乾かし気味に管理する。間引きは本葉2枚で1本にする。

3 定植

タネまき後、約40日で、本葉が3、4枚になったら直径30cmの鉢に浅植えで定植する。培養土10ℓあたり過リン酸石灰を5本指で1つまみ半（約7.5g）をあらかじめ混ぜる。化成肥料は1株あたり5本指で4つまみ（約20g）を施す。ただし、市販の培養土を用いる場合は、元肥は必要ない。苗には仮の支柱を立てる。

POINT 1

メロンは高温を好むので、定植直後、夜温が低い時期は右のようなホットキャップまたはあんどん（46頁参照）をするとよい。

4 整枝

マクワ型の場合、本葉5、6枚で親づるを摘芯し、子づるを2、3本伸ばす。その子づるの6～12節目に発生する孫づるにつく雌花に人工授粉する。果実をつける孫づる以外は基本的に早めに芽かきする。子づるが伸び始めたら、1mほどの支柱を4～5本立て、子づるをはわせる。子づるは本葉18～20枚で、孫づるは本葉2、3枚で摘芯する。追肥は、定植後10日目から10日ごとに3回、1株あたり、5本指で2つまみ（約10g）を株元から離して施す。

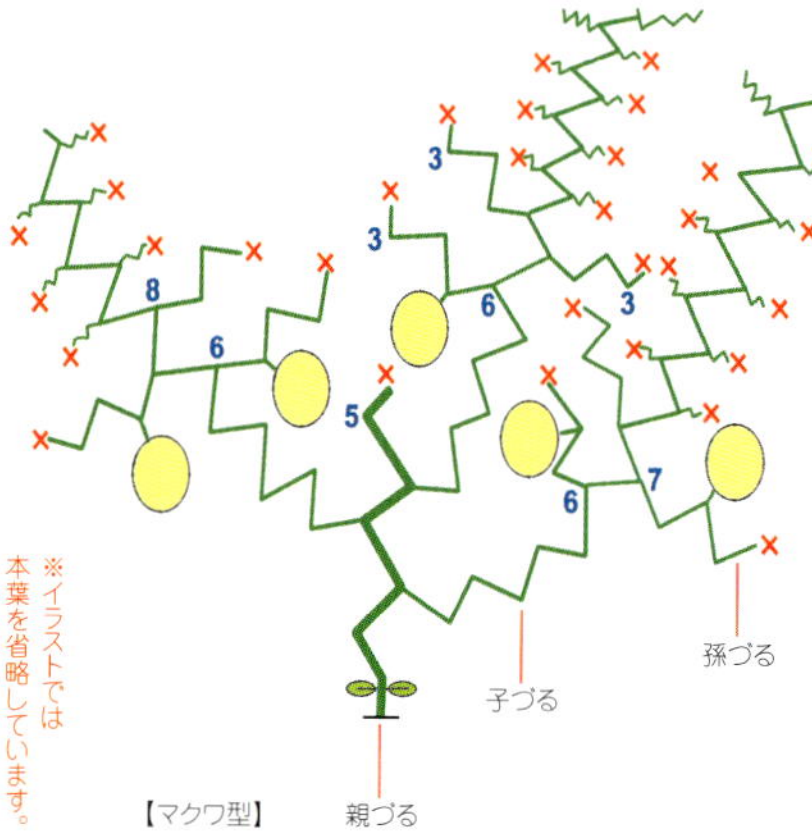

※イラストでは本葉を省略しています。

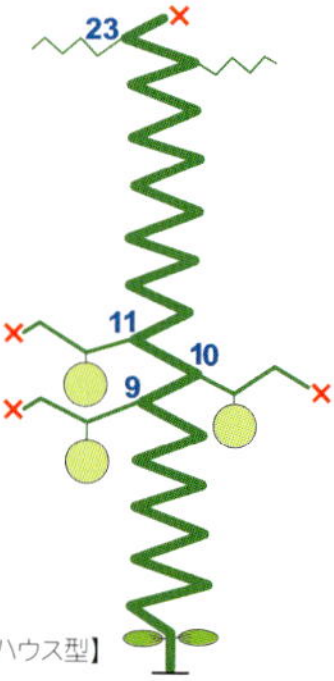

5 人工授粉・摘果

授粉は、朝6～9時の間に行う。1本の子づるに3、4個の果実をつけ、ピンポン玉～卵程度の大きさのころに育ちやそろいのよい1、2個の果実を残し、残りは摘み取る。残した果実はネットやひもなどでつるす。

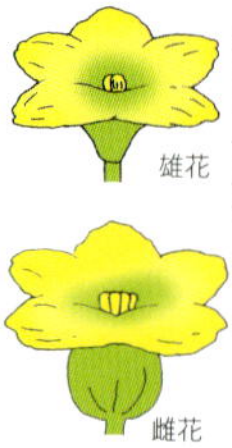

6 収穫

ミニメロンのマクワ型の「プリンス」の場合、授粉後、約30～40日が、ハウス型の「アンデス」などの場合、授粉後、約40～55日が収穫の目安になる。果実の付け根についた葉の縁が枯れてくることや、ハウス型メロンはさらに、果実の付け根にコルク状のヒビが入ることも収穫の目安になる。

POINT 2

収穫の7～10日前から水やりは控えめにして乾かし気味に管理すると甘いメロンができる。

果菜類

ミニスイカ

解説と栽培暦（104頁）

食べ方の変化がミニサイズの人気を上げた

核家族化が進み、さらにスイカの食べ方もかつてのように水代わりのように食べるのではなく、フルーツとして食べるようになり、大きなスイカは必要なくなってきました。しかも決定的なのが冷蔵庫。大きなスイカは冷蔵庫に入らないので、スイカはすっかり切り売りされることが当たり前になってしまいました。そんなこんなで、大玉スイカを尻目に人気なのがミニスイカ、つまり小玉スイカです。

ミニスイカは実際の栽培では小さい分、収穫までの日数が短くてすむメリットがあります。例えば大玉スイカなら開花後、四五日前後で成熟するのに対し、小玉スイカなら三五日前後で成熟し、収穫できます。このことは、それだけ遅まきが可能だということでもあります。

肥料はほどほどに

連作障害を防ぐため、できればウリ科以外の野菜を作った後の土を使いたいものです。また、スイカ栽培では、元肥に肥料を入れないほうが無難です。スイカは、肥料分が多いと、株の勢いが強すぎてなかなか花が咲かず、つるばかり伸びる「つるボケ」の状態になってしまいます。

人工授粉で確実に着果させよう

スイカは、メロンやカボチャ同様ウリ科の植物で、ひとつの株の中に雄花と雌花がある雌雄異花同株の植物です。ミニスイカの場合、親づるを生育初期に摘芯して、複数の子づるを伸ばしそこに果実をつけます。

また、大玉スイカも、ミニで楽しむことができます。ただし、この場合、ハウスメロン同様、コンテナ栽培した場合に限ります。コンテナの大きさによって根圏が限定されるために小さくできます。大玉スイカの場合、ミニでも収穫までは開花後四五日前後の日数を必要とします。

品種／紅こだま

1 タネまき

直径10.5㎝のポリポットに育苗用培養土を入れ、1㎝ほどのまき穴を作り、2粒を点まきし、覆土する。発芽適温が高いので、発芽と育苗中は保温箱に入れる。保温箱は日当たりのよいところに置く。

2 発芽・間引き

6日ほどで発芽する。それまでは乾かさないように注意。発芽後も保温箱で育て、乾かし気味に管理する。間引きは本葉2枚で1本にする。

3 定植

タネまき後、約45日で、本葉が4、5枚になったら直径30㎝の鉢に浅植えで定植する。培養土10ℓあたり過リン酸石灰を5本指で1つまみ半（約7.5g）を混ぜておく。苗には仮の支柱を立てる。スイカもメロン同様に高温を好むので、定植直後、夜温が低い時期はホットキャップ（44頁参照）または左のようなあんどんをする。

POINT
定植時、元肥にチッソ分が多いと「つるボケ」し花落ちの原因になるので、化成肥料は施さない。

4 整枝

本葉5、6枚で摘芯し、子づるを2、3本伸ばす。子づるが伸び始めたら1ｍ程度の支柱を4、5本立て、子づるをはわせる。定植後約30日、子づるの6～8節目につく雌花を肥大させる。以後、雌花は7、8節おきにつくので、最初の着果に失敗したら次の花を授粉し着果させる。第1花までの孫づるは早めに芽かきし、第1花以後の孫づるは放任する。果実は1つる1果ずつ肥大させ、ネットやひもなどでつるす。追肥は、第1花開花の3、4日前と、授粉後7～10日後に1株に対して化成肥料を5本指で1つまみ（約5g）を施す。授粉は、朝6～9時の間に行う。

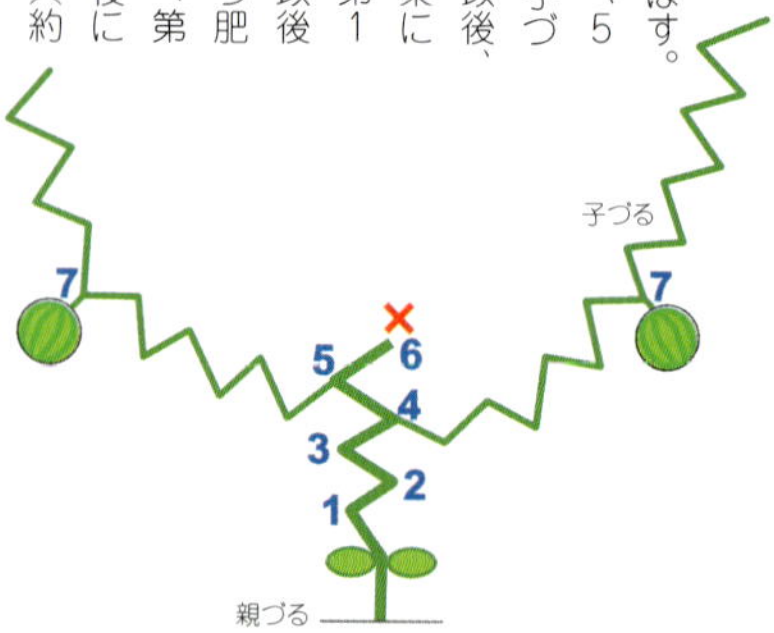

※イラストでは本葉を省略しています。

5 収穫

交配後35～40日で収穫。収穫の約10日前から水やりは控えめにして乾かし気味に管理すると甘いスイカが収穫できる。

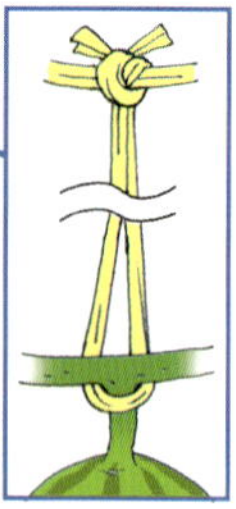

マメ類

ベビーインゲン

解説と栽培暦（104頁）

「つるあり」と「つるなし」の品種があります

マメ科野菜の中で唯一、ミニ&ベビー野菜にリストアップされている野菜です。インゲンには、つるあり品種とつるなし品種があります。

畑などで栽培するならば支柱を立て栽培する、つるあり品種がよいでしょう。収量も多く作りがいがあります。代表的なつるあり品種には「ミニドカ」や「プロップキング」があります。

ベランダなどでは草丈が五〇～六〇㎝でコンテナ栽培できる、つるなし品種のほうが、大きな支柱を立てる手間も省け便利です。代表的なつるなし品種には「アーロン」や「セリーナ」があります。

早採りで多収穫に期待大

インゲンのタネまきから収穫までの期間は、品種により異なりますが、五〇～六〇日前後です。ベビーの状態で早採りすることで、株への負担が小さくなりより多くの収穫ができるようになります。

タネまき時期は四～八月で、発芽適温は高め

ところで、インゲンの発芽適温は、二〇～二三℃で、地温は比較的高めでないと発芽しないので、ヤエザクラが咲き始めたころからがタネまきの適期です。特に、インゲンは「三度豆」といわれるように八月ぐらいまで何回でもタネまきできます。

このようにインゲンは、高温発芽性ですが、発芽後は、涼しい気候を好むので、高温期は、できるだけ風とおしのよい涼しいところで栽培します。

品種／セリーナ

1 タネまき

育苗用培養土を入れた直径9㎝のポリポットに人差し指の第1関節程度のまき穴を作って2粒を点まきし、覆土する。

2 発芽・間引き

10日前後で発芽する。本葉2枚で間引きし1本にする。

3 定植

タネまきの約20日後、本葉2枚で、直径21㎝の鉢、または標準型プランターに20㎝間隔で定植する。株が安定しないようなら支柱して、開花の直前、あるいは開花時に1株あたり5本指で2つまみ（約10g）の化成肥料を追肥する。

4 収穫

タネまき後、50〜60日で収穫できる。さやにツヤのあるうちが収穫適期。

POINT

ベビーで収穫することで、株の負担が小さくなるのでたくさんのさやを収穫できる。

おいしい・レシピ

ベビーインゲン

「ピーナッツバター和え」

【材料】（2人分）

ベビーインゲン8本　塩ゆで用の塩少々

A［ピーナッツバター（粒入り・無糖）大さじ2　塩少々　しょうゆ小さじ1　砂糖小さじ11/2　水大さじ1］

【作り方】

①ベビーインゲンを3cmくらいに斜め切りし、たっぷりのお湯で塩ゆでする。

②ゆであがったら、すぐザルにあげ、流水にあて水切りする。

③Aと和えたらできあがり。

第2章 野菜作りの基本

ミニ&ベビー野菜の栽培計画の立て方　計画編

「野菜を作ろう」と思ったときがタネのまきどき。でもその前に、ちょっと待ってください。畑でもベランダでも、限られた面積の中でいろいろな野菜を作るには綿密な計画が必要です。いつ、どの野菜を、どの順番で作るかを計画することが、野菜作りの最初の重要なステップになります。①気候区分、②季節、③野菜による栽培の難易度、④栽培・設置場所、⑤輪作計画の五つから、栽培計画を立ててみましょう。

1 あなたの住んでいるところはどこ?（気候区分）

日本はたてに細長く、北と南で、また、標高の違いで、あるいは積雪や離島といった条件の違いによって、気候は大きく異なります。そのため、タネのまきどきや越冬の方法といった栽培管理は地域によって異なってきます。そこで、年平均気温で地域を分けると、日本は左の図のように大きく五つの地域に分けることができます。自分の住んでいる地域がどの気候区分にあてはまるのかを確かめ、その地域にあった栽培管理をしましょう。自分の住んでいる地域の年平均気温を知るには、理科年表で調べたり、各地の気象台などに問い合わせてみたりするとより正確です（気候区分ごとの野菜の栽培暦は八九ページから）。

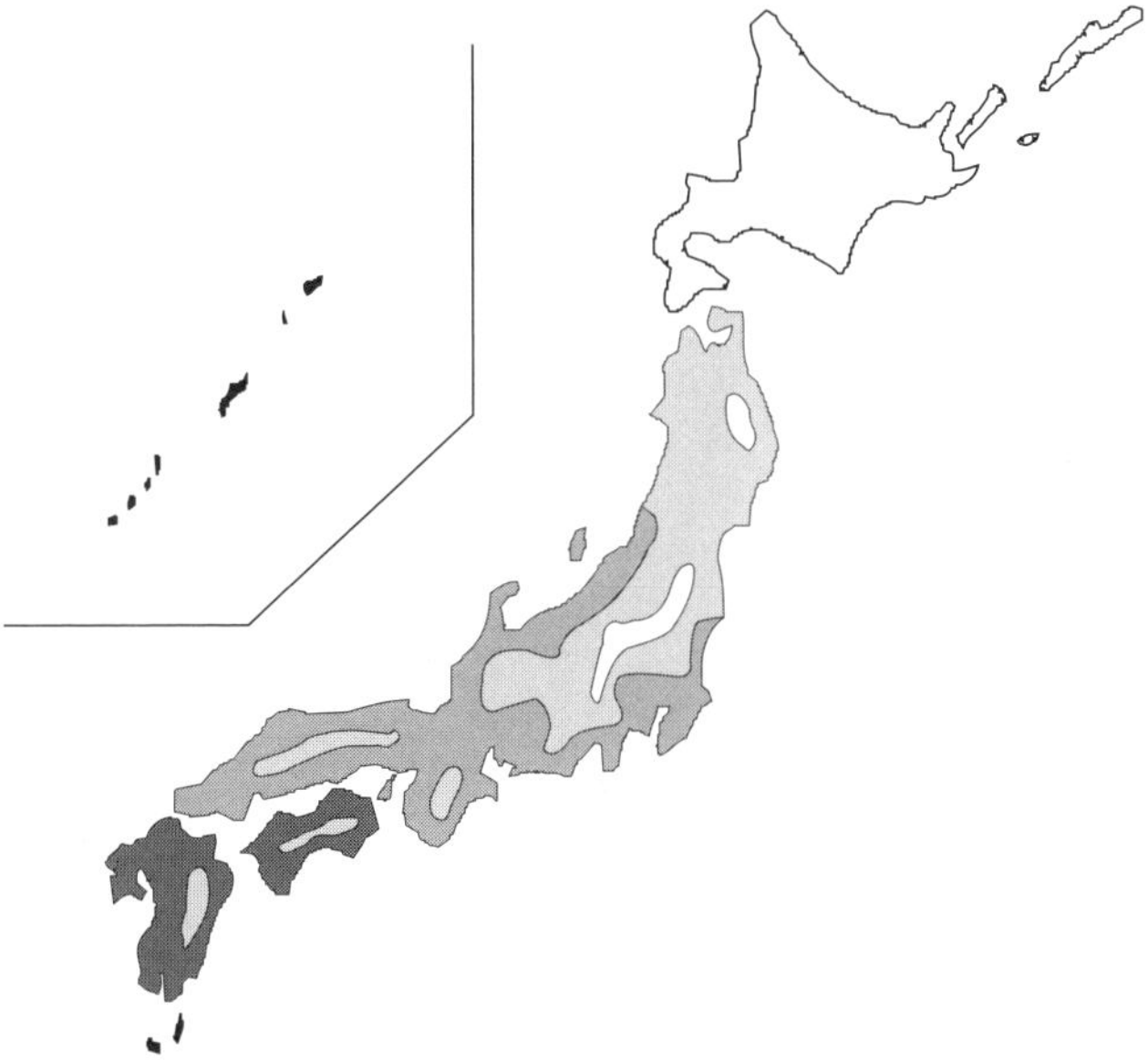

：寒地：北海道全域および東北・北陸・関東・中部山岳地帯の一部分
年平均気温が、9℃以下の地域。

：寒冷地：東北、中部山岳地帯の大部分および北陸・関東・東海・近畿・四国・九州の一部分
年平均気温が、9～12℃の地域。

：温暖地：北陸・関東・東海・近畿・中国の大部分および東北の一部
（温暖地は一般地と表記されている場合もある）
年平均気温が、12～15℃の地域。

：暖地：四国・九州の大部分および関東･東海・中国の一部
年平均気温が、15～18℃の地域。

：亜熱帯：沖縄県全域を含む南西諸島・伊豆諸島の一部・小笠原諸島
年平均気温が、18℃以上の地域。

※寒冷地のうち、太平洋沿岸南部および内陸盆地の一部は温暖地
※温暖地のうち、太平洋沿岸および瀬戸内海沿岸の一部は暖地

（農林水産省野菜茶業試験場編『全国野菜・花きの種類別作型分布の実態とその呼称』平成元年）

■野菜の栽培暦に用いる地域区分

2 タネをまく時期はいつ?（季節）

日本には気温や日長などが異なる四季があります。そのおかげで実にたくさんの種類の野菜を楽しむことができます。でもそれは、それぞれの野菜の特性を理解し季節に応じた栽培をしないと、野菜が作れないということでもあります。

また、多くの野菜のタネは、人の手によってその土地で栽培しやすいように改良されています。しかし、生育のための基本的な性質は、それぞれの原産地の環境による影響を意外と失わずに残しているので、その環境を再現することも栽培上の重要なコツになります。

特に、タネをまくときの環境には敏感で、条件が合わないと芽を出さないことがあります。発芽したての幼苗は、植物の一生のうちでもっとも弱い時期です。ここではそれぞれの野菜のタネが発芽するのに好適な温度（発芽適温）と発芽後の生育に好適な温度（生育適温）に注目して、どの季節にどの野菜が栽培できるか考えてみます。

■発芽適温と生育適温からみるミニ＆ベビー野菜の分類

		発芽適温					
		15〜20℃	15〜25℃	15〜30℃	20〜25℃	20〜30℃	25〜30℃
低温性野菜	寒さに強く0℃にも耐える	ベビーレタス ベビールッコラ ベビーホウレンソウ ミニタマネギ	ベビーツケナ類 ベビースイスチャード コネギ	メキャベツ ミニカリフラワー ラディッシュ ミニダイコン	コカブ	スティックブロッコリー	
低温性野菜	霜により葉などが傷むので5℃以上の生育温度が欲しい		ミニニンジン	ミニチンゲンサイ ベビーコールラビ			
高温性野菜	生育適温が22℃前後				ベビーインゲン	コナス	ミニカボチャ
高温性野菜	暑さに強く、30℃程度の高温にも耐える					フルーツパプリカ	ミニトマト ミニ＆ベビーキュウリ ミニメロン ミニスイカ

注）同じ品目の野菜でも品種により適応性には幅がある。

■ミニ＆ベビー野菜の季節別のタネまき時期と収穫時期

	春～初夏に収穫	夏に収穫	秋に収穫	冬に収穫
春まき	ベビーレタス ベビーツケナ類 ベビーホウレンソウ ベビースイスチャード ミニチンゲンサイ ベビールッコラ コネギ ラディッシュ ミニダイコン コカブ	コナス フルーツパプリカ ミニトマト ベビーインゲン ミニカボチャ ミニ&ベビーキュウリ ミニタマネギ コネギ ミニスイカ ミニメロン		
夏まき		ベビーツケナ類 ベビールッコラ ベビースイスチャード ベビーホウレンソウ ミニチンゲンサイ	ミニニンジン ベビーコールラビ スティックブロッコリー コカブ	ミニカリフラワー メキャベツ
秋まき	コネギ		ベビーレタス ベビースイスチャード ベビーツケナ類 ベビールッコラ ベビーホウレンソウ ミニチンゲンサイ ラディッシュ ミニダイコン	コカブ ミニダイコン スティックブロッコリー ラディッシュ
冬まき	ミニダイコン ベビーレタス			ベビーツケナ類 ベビールッコラ ベビーホウレンソウ ベビーレタス

Aグループ　Bグループ　Cグループ　Dグループ　Eグループ　Fグループ

注）同じ品目の野菜でも品種により適応性には幅がある。

●春まき野菜（二〜六月まき）

春まき野菜でまず気をつけたいのがタネまき時期です。よくある失敗は、タネまき時期が早すぎて温度不足になり発芽不良、生育不良になることです。春先は、地域によって温度が上がる時期が異なります。昼間暖かくなっても夜間の冷え込みが残る時期は、一般の家庭ではタネまきを少し待つほうが安全でしょう。

春まき野菜は、大きく二つのグループに分けられます。ひとつは発芽適温の最低が一五℃で比較的低温でも発芽できるもの。主にアブラナ科の野菜を中心にした低温性野菜のグループです。もうひとつは、高温（二〇〜三〇℃）でないと発芽しにくいもの。主にナス科・ウリ科の野菜を中心にした高温性野菜のグループです。

A：発芽適温の最低が一五℃で比較的低温でも発芽する低温性野菜のグループ

アブラナ科のラディッシュ・ベビーツケナ類・ミニチンゲンサイなどや、ネギ科のコネギ・アカザ科のベビーホウレンソウなどの、葉・根菜類が中心です。

タネまきは、サクラ（ソメイヨシノ）の開花するころが目安になります。サクラ（ソメイヨシノ）の開花よりも前にタネまきをする場合、簡単な保温が必要です（四℃でも発芽できるベビーホウレンソウは例外）。

B：発芽に二〇〜三〇℃の高温が必要な高温性野菜のグループ

ナス科とウリ科の果菜類、それにマメ科のベビーインゲンなどがこのグループに入ります。

タネまきは、五月の連休明け、ちょうどヤエザクラが散った後くらいがよいでしょう。温度が上がればしっかり成長するので、あせって早まきしないほうが無難です。しかし、ミニカボチャ、コナス、ミニスイカなどは少し早めの四月中下旬ぐらいにまいて保温箱などで育苗します。これらの野菜を五月の連休明けころにタネまきした場合、花が咲き果実が成長する時期がちょうど真夏の高温期にかかってしまいます。ミニカボチャは高温・長日（日照時間がだんだん長くなる時期）で、ミニスイカは夜温が高いといずれも充実した雌花がつきにくく、また、コナスでは正常な受粉ができないなどの障害が起こりやすいからです。

●夏まき野菜（七、八月まき）

春まき野菜も梅雨明けぐらいになると株が疲れてきます。この、収穫の手の空いた時期を見計らって夏まき野菜のタネまきをするとよいでしょう。

C：発芽適温の最高が二五〜三〇℃で比較的高温で発芽し、栽培適期が秋または春にある低温性野菜のグループ

アブラナ科のミニカリフラワー・スティックブロッコリー・メキャベツ・ベビーコールラビとベビーホウレンソウなど葉菜類が中心です。ミニニンジンなどもこのグループに入ります。

いずれも比較的高温で発芽しますが、冷涼な気候を好む低温性野菜の仲間です。そのため、強い日差しと高温下で、上手に発芽させ、苗を育て、定植するには工夫が必要です。品目によっては、終日、直射日光が当たる場合は寒冷紗などで温度を下げ、発芽までは乾かさないように注意し、定植も夕方や曇天時などに行います。

●秋まき野菜（九〜一一月まき）

秋まき野菜に共通していえることは、生育適温が二〇℃前後に集中していることです。これらの野菜は、冷涼な気候を好む低温性野菜です。高温性野菜の生育適温の幅が七℃以上あるのに対し、低温性野菜の生育適温の幅はほぼ五℃以内と狭く、しかも秋は、気温が冬に向けて急激に下がっていきます。そのため、生育適温である時期が短く、タネまきやその後の生育に適した期間が限られているので、それを逃すと生育が極端に遅くなります。収穫までに比較的時間のかかる野菜ほど顕著で、タネまきが一日違うだけで収穫の差は一週間の違いになることもあります。

よって、タネまきは地域ごとの適期を逃さず行うことが大切です。特に寒冷地では、秋は早くやって来て、しかも冬の訪れが早いことからタネまきの期間は他の地域よりもさらに短くなります。

これらのことから、秋まき野菜は、大きく二つのグループに分けられます。

D：五℃以上の生育温度が必要で秋にタネまきして秋のうちに収穫、あるいは最低気温が〇℃でも耐えられるが早秋にタネまきして秋のうちに収穫することができる低温性野菜のグループ

アブラナ科のラディッシュ・ミニダイコン・ミニチンゲンサイ・ベビールッコラ・ベビーツケナ類、アカザ科のベビーホウレンソウ・スイスチャード・キク科のベビーレタスなどがこのグループに入ります。

E：最低気温が〇℃になっても耐えられ、秋にタネまきして冬または春に収穫する低温性野菜のグループ

アブラナ科のラディッシュ・ミニダイコン・コカブ・スティックブロッコリー・ネギ科のコネギなどがこのグループに入ります。

●冬まき野菜（一二〜一月まき）

F：発芽・生育適温の最低が共に一五℃で耐寒性が特に強く、最低気温が〇℃になっても耐えられる低温性野菜のグループ

ミニダイコン、ホウレンソウ、ベビーツケナ類、そしてベビールッコラが栽培できます。低温に強いとはいえ、これらの野菜も生育適温は、一五〜二〇（二五）℃なので、不織布などをベタがけしたり保温箱や室内などで保温したりすることで、生育を促進させます。

3 あなたの実力はどれくらい？（野菜による栽培の難易度）

野菜は、どこの部分を収穫するかで葉菜、根菜、果菜の三つに大きく分けることができます。それらの栽培の難易度は、野菜の種類により多少差はありますが、おおよそ葉菜・根菜・果菜の順で難しくなっていきます。

葉菜類は、栽培が比較的簡単な野菜といえます。その理由は、タネをまいて最初に出てくるのは葉（子葉）ですが、葉菜類は、その後、次々と、出てくる葉（本葉）を大きくしていけば収穫できるからです。タネまきから収穫までの期間が短いという特徴もあります。

根菜類は、葉で作られた栄養分が根に回って大きくなるので、栽培の難しさは中ぐらいです。

果菜類は、葉や茎、そして根などの体ができて（栄養成長）から、花を咲かせ果実をつけます（生殖成長）。異なる成長過程を持つ分、栽培は葉・根菜類より難しい野菜といえます。収穫までの時間も、葉菜類などよりも長いという特徴があります。葉菜類に含まれるスティックブロッコリーやミニカリフラワーなどの花蕾《からい》を収穫する野菜も同様の成長過程を経るため、栽培はやや難しい野菜といえます。

はじめて作る方は、栽培の比較的簡単な葉菜類や根菜類の中でも、成長の早いラディッシュなどからはじめるとよいでしょう。

■ミニ＆ベビー野菜の栽培難易度

	葉菜類	根菜類	果菜類
易	ベビーツケナ類 ベビーレタス ベビーホウレンソウ ベビースイスチャード ベビールッコラ ミニチンゲンサイ ベビーコールラビ	ラディッシュ コカブ	ベビーインゲン
中	ミニカリフラワー メキャベツ スティックブロッコリー コネギ	ミニニンジン ミニダイコン ミニタマネギ	ミニ＆ベビーキュウリ ミニカボチャ
難			フルーツパプリカ ミニトマト コナス ミニスイカ ミニメロン

4 どこで作るの？（栽培・設置場所）

野菜を作る場所すべてに共通して大切なのが日当たりです。日当たりのよい畑や庭などで野菜作りができればベストですが、昨今の住宅事情ではなかなかそのようなわけにもいきません。でも畑や庭がなくてもベランダやルーフバルコニーなどでも野菜は作れます。

ベランダの場合、その構造と位置、直射光がどれくらい当たるかで栽培できる野菜が決まってきます。最近のマンションなどは、植物の栽培には向かない建物構造が多くなっています。省エネ効果の期待から真夏の日中はベランダ内へ日が入らないように設計されていたり、ベランダの外側部分が金属などのスリット構造ではなく、目隠しのため壁状にコンクリートでしっかりと作られていることが多くなり、日が入りにくくなっているからです。

しかし、日当たりが悪いという理由で野菜作りをはじめからあきらめる必要はありません。確かに、太陽の光が十分ないと収穫できないスイカは、真夏、南向きのベランダで株の片側にのみ午前八時から午後四時ごろまで直射日光が当たらないと収穫は期待できません。それでも、少なくとも午前から午後にかけて、四、五時間ほど直射日光が当たる環境があれば、収穫までの時間はかかりますが、比較的多くの野菜が作れます。

■ミニ＆ベビー野菜と日当たりの関係

	野菜
日当たりを好む	ミニスイカ ミニメロン ミニトマト コナス ミニタマネギ ベビーインゲン ミニダイコン ラディッシュ ミニカリフラワー スティックブロッコリー メキャベツ ミニニンジン
日当たりを好むが多少の弱光でも耐える	ミニチンゲンサイ ベビーコールラビ コカブ ミニ＆ベビーキュウリ ミニカボチャ フルーツパプリカ
弱光にも耐える	コネギ ベビーホウレンソウ ベビーツケナ類 ベビーレタス ベビースイスチャード ベビールッコラ

5 どの野菜をどの順番で作るの？（輪作）

同じ種類あるいは同じ科の野菜を同じ場所で続けて栽培することを連作といいます。連作により、その野菜に付きやすい病害虫が増えたり、生育を阻害する物質が蓄積したり、特定の養分が欠乏したりします。これを連作障害といいます。特に、ナス科、マメ科、ウリ科などの野菜は、連作障害が出やすいので、これらの科の野菜を栽培したあとは他の科の野菜を作ります（輪作）。アブラナ科の葉もの野菜は多少の連作には耐えられるので、同じプランターで繰り返し栽培しても大丈夫です。

■ミニ＆ベビー野菜の科の分類

科目	野菜
アブラナ科	ベビーツケナ類 ベビールッコラ ミニチンゲンサイ ミニカリフラワー メキャベツ スティックブロッコリー ベビーコールラビ ラディッシュ コカブ ミニダイコン
ウリ科	ミニ&ベビーキュウリ ミニカボチャ ミニスイカ ミニメロン
ナス科	フルーツパプリカ ミニトマト コナス
キク科	ベビーレタス
アカザ科	ベビーホウレンソウ ベビースイスチャード
セリ科	ミニニンジン
ネギ科	コネギ ミニタマネギ
マメ科	ベビーインゲン

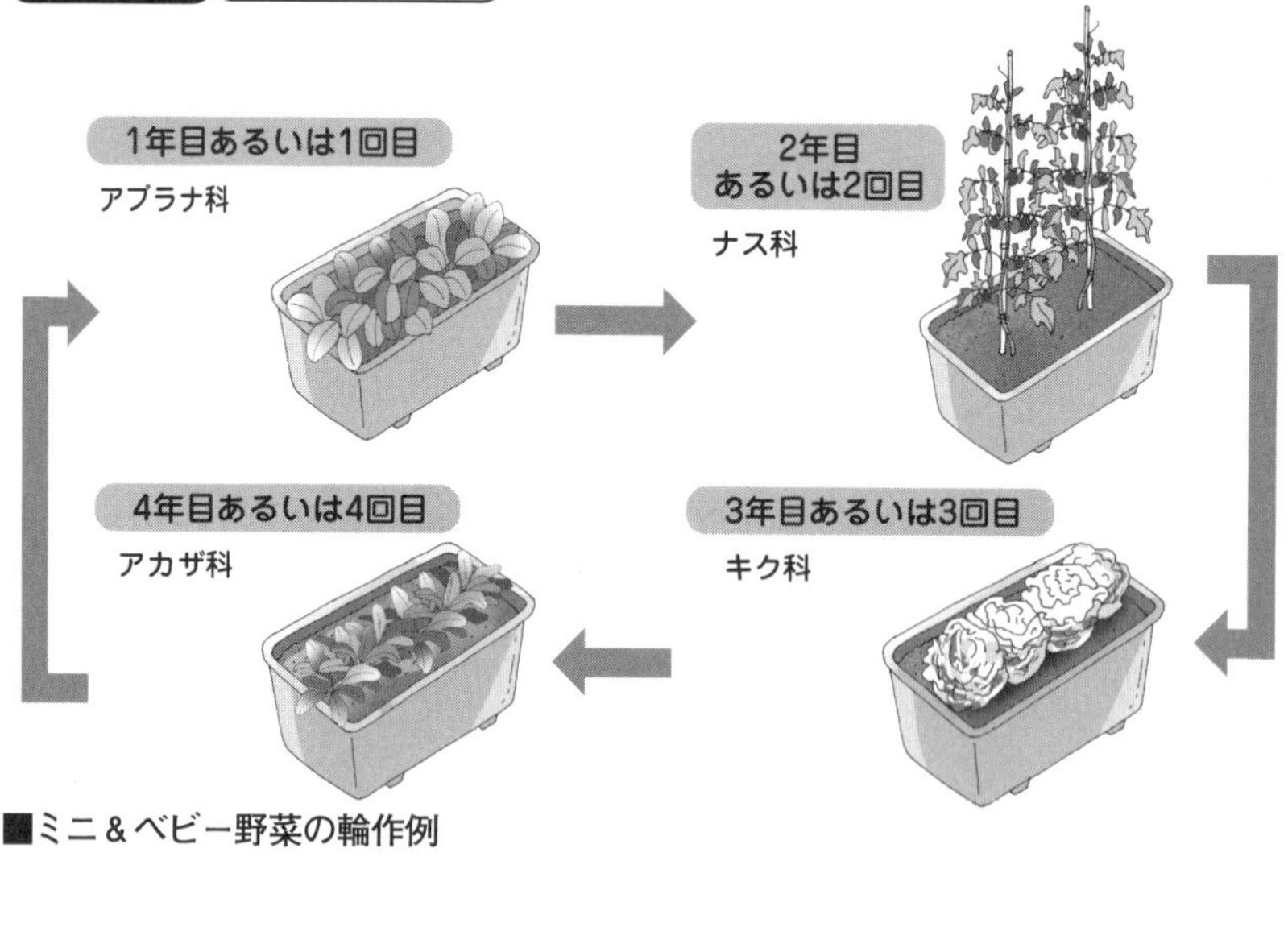

■ミニ＆ベビー野菜の輪作例

野菜作りにそろえておきたい道具

準備編

野菜作りにも道具が必要です。備えておくと便利な道具を揃えることは、おいしい野菜を作る第一歩。また、失敗を減らすためにも大切なことです。ここでは最低限、あると便利な道具を紹介いたします。

【計量カップ】

【電子ばかり】

【プレッシャー式噴霧器】

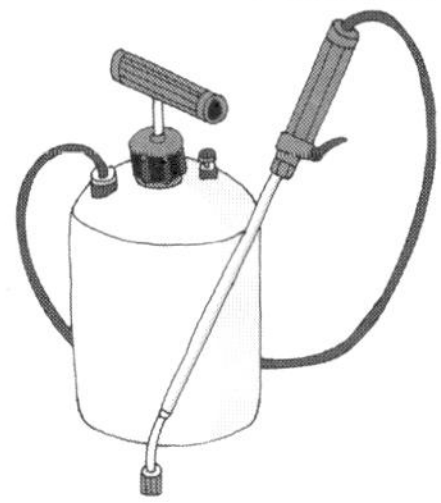

【ハンドスプレー】

【バケツ】

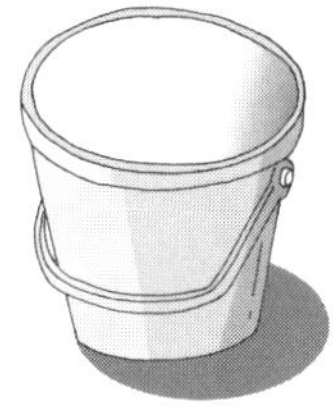

【水やり・薬剤散布など】

プレッシャー式噴霧器は、ハンドルを上下することで圧力がかかり噴霧する道具です。農薬の散布以外にも、育苗時期の噴霧による水やりのほか、ノズルの先をはずして普通に水やりすることもできます。ハンドスプレーよりしっかり水やりでき、とても便利なのでぜひそろえておきたい道具の一つです。計量カップ、バケツは、農薬をうすめるときや大きく育った株への水やりに使います。粉の農薬の重さを量るのに電子ばかりは重宝します。少量の農薬散布などのためにはハ

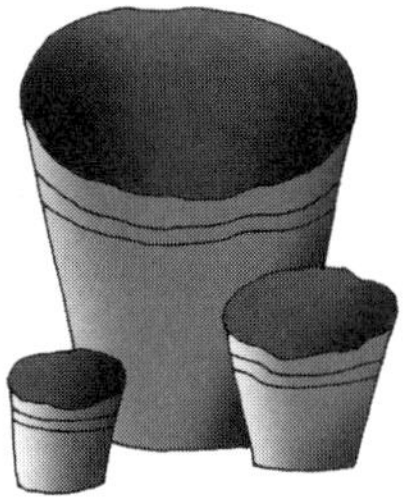
【ポリポット類】

【ハサミ】

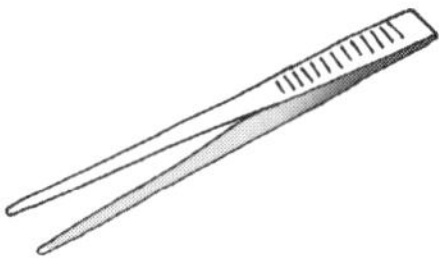
【ピンセット】

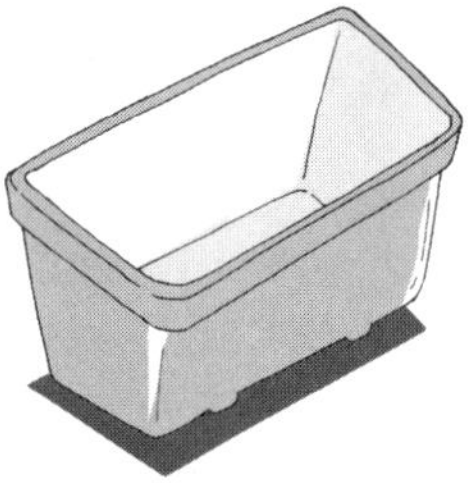
【標準プランター】

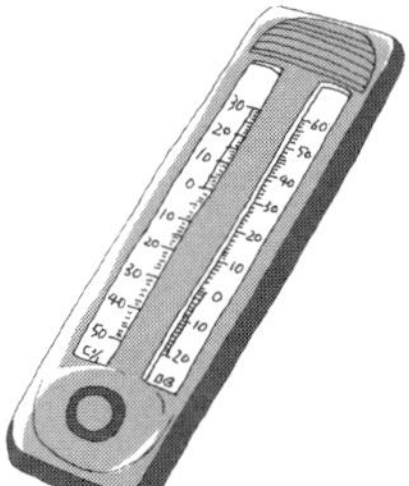
【最高最低温度計】

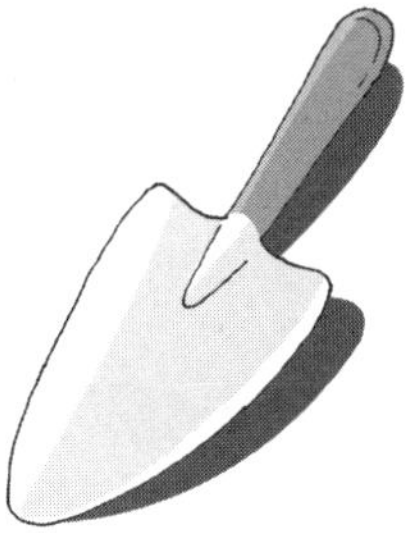
【移植ごて】

ンドスプレーもそろえておきたい道具です。

【タネまき・育苗など】

ピンセットは、苗が小さなときの間引きに。大きくなったらハサミや手で行います。保温箱は、外気が発芽適温に達していない時期の育苗のときに使います（一九頁参照）。タネをまくセル成型トレーは、七二穴程度のトレーを用意しておくと便利です（八四頁参照）。温度計も発芽時期の気温などを知る上であると便利な道具です。

【植え付け・培養土管理】

コンテナ類には様々な大きさがあります。育苗にポットを用いるときは大きさが、二号（六cm）〜四号（一二cm）程度のものを用います。

コンテナ栽培で定植するコンテナ（とめ鉢）には、七号（二一cm：五ℓ）〜一〇

【ポリ容器】

【クイックタイ】
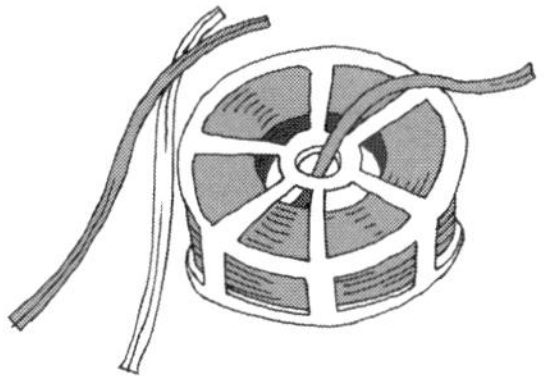

【麻ひも】
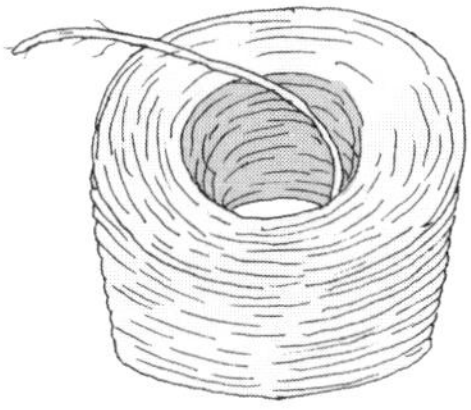

【簡易土壌分析キット】
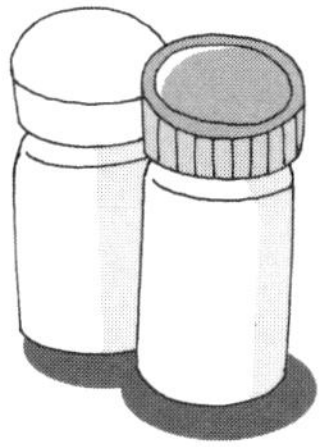

【ラフィア】

【アルミ製針金】
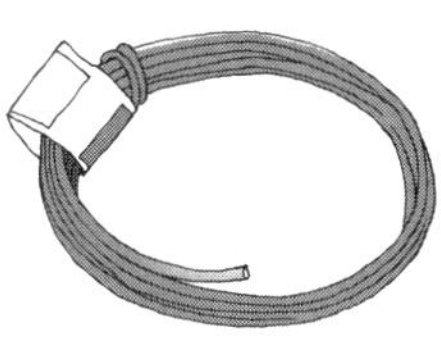

【タフブネ】
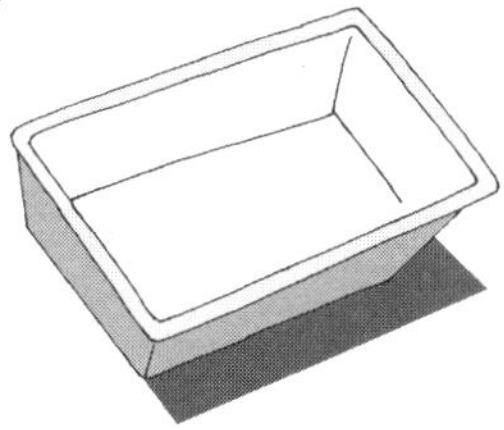

【不織布】

号（三〇cm：一四ℓ）の鉢やタテ幅六五cm×ヨコ幅二三cm×高さ一九cmの角型標準プランター（一三ℓ）をよく使います。野菜栽培では、大きめのコンテナを使うことがコツです。

　また、左官屋さんが使うような八〇ℓほどの容量のタフブネは土を混ぜたり移植するときに、ポリ容器は、使い終わった土の一時的な保管や土の消毒などのときに便利です。土のpHなどを測定する簡易キットもあると役に立つ道具です。

【誘引・その他】

　ラフィアは薄い天然繊維で、支柱に株をしばる（誘引）ときに、また、麻ひもは、スイカやメロンを吊るすときに使います。麻ひも、アルミ製の針金、クイックタイは、果菜類を作るときの支柱を結ぶときなどにおもに使います。

　不織布は、保温のほか、虫、鳥よけなどに使います。

培養土の準備

1 よい土とはどんな土？

よい土で野菜を栽培することは基本です。野菜作りに適した土は、水もちがよく、水はけがよく、しかも空気もよく通すものです。その上で、肥料分を適度に保持でき、土壌のpHは弱酸性から中性で、善玉の微生物がたくさんいる土がよいとされています。

さて、「水もちがよく、水はけがよい」ということはなんとも矛盾したように思えますが、土の構造を「団粒構造」と呼ばれる構造にすればこれは可能です。団粒構造とは図のように、土の粒が団子状の土の塊（団粒）を作り、この団子状の土の塊が集まった状態をいいます。土の塊同士のすき間が大きいので水はけや空気の通りがよく、団粒自体は、毛細管現象によって水もちもよくなるというわけです。この団粒構造を維持するために、植物性の腐葉土や有機質肥料や石灰質資材（肥料）が必要です。これらは、土の粒をつなぐ作用と共に、有機質肥料は微生物を増やすためのエサに、石灰質資材は土壌のpHを酸性から適正pHへ矯正します。とりあえず、何だかわからないけどタネまきをしたいという方は、市販の土を購入するとよいでしょう。

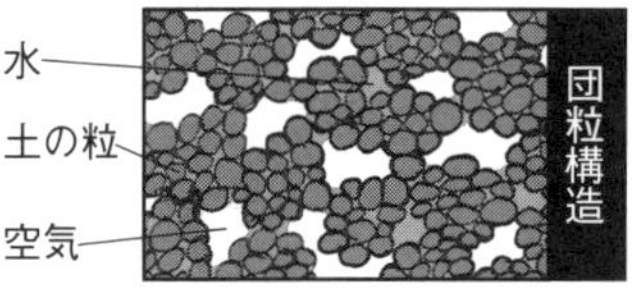

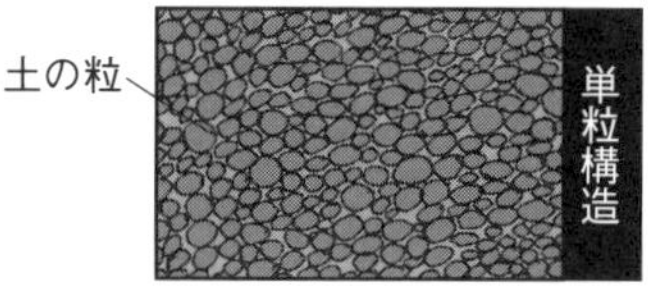

■団粒構造と単粒構造の図

●土は何を準備したらよいの？

土は、育苗用培養土と培養土の二つを準備します。育苗用培養土は、タネまきとその後の苗を育てるための土のことです。培養土は、育苗後の苗を、仮植や定植する際に用いる土です。畑で栽培する場合は、畑の土が培養土になります。培養土は自分で作ることもできますが、初心者は野菜用の培養土が市販されていますのでそれを使うと便利です。育苗用培養土、培養土ともに、購入する際は、品質の良い製品を選ぶようにするために、①メーカーとその所在地がきちんと表記されている、②どの作物用の土かわかる、③混ぜられている肥料成分がわかる、④pH矯正などの情報が記載されている、といった点に注意します。

❶育苗用培養土

ジフィーセブン（八四頁参照）のような培養土とポットが一体化したタネまき資材を使う場合、あるいは直接、収穫するところにタネまきする直まきの場合を除き、タネまきや育苗には、市販の育苗用培養土を準備しておくと便利です。育苗用培養土や資材に求められる条件は、適度な肥料分があり、病害虫の心配がなく、また水もちと水はけがよく、pHが調整してあることです。育苗用培養土は、通常の培養土よりもきめが細かくセルトレーなどに詰めやすく、タネまきもしやすくなっています。大袋入りの培養土を一回購入しておくとしば

メーカー名とその所在地がきちんと表記されている
どの作物用の土なのかはっきりわかる
pHなど野菜が育ちやすいように土の基本条件が矯正されている

■培養土の袋に書かれた情報

らく使えるので便利です。

②培養土

育苗した苗は、一ないし数回の仮植の後、最終的に収穫する場所に植え付けます（定植）。また、根菜類など定植を好まない野菜は、直接、収穫する場所にタネまき（直まき）することになります。このときの土は、畑土などに腐葉土などを混ぜて作ればよいのですが、初心者で土を作ることが難しい場合、市販の野菜用培養土を用いると便利です。このとき培養土には、栽培に必要な肥料分が混ぜられていて、病虫害の心配がなく、また水もちと水はけがよく、pHが調整してあることが求められます。市販培養土の多くは、袋を開けてすぐに使えるようになっています。

2 土の再生利用法

●一年間はそのまま何度も使えます

新しい土から始めた場合、一年くらいはそのまま同じ土を使っていくつかの野菜を栽培することができます。むしろそれによって前作で吸い残した土中にある余剰な肥料分を有効に使うことができます。また、品目や科の違う野菜を栽培すれば連作障害を少なくできます。

それでも、一年も使えば、養分バランスが崩れたり、病原菌が増えていたり、団粒構造が損なわれ、水もち、水はけなどが悪くなったりします。この時点で土を捨ててしまうことを考えがちですが、土はごみではありません。これらを矯正すれば土は何度でも使えます。一年に一回を目安に、土を再生させましょう。

●一年に一回、土を消毒・再生

手間がかからず狭いスペースでも手軽に土を再生でき、しかも元肥いらずの土を作る方法がありますのでご紹介します。

用意するのは、石灰チッ素、腐葉土。石灰チッ素は、土中の病害虫雑草を防除する農薬と、チッ素分を補給し石灰分により土のpHを矯正する肥料としての役目を合わせ持ち、園芸店、ホームセンターなどで簡単に入手できます。主成分カルシウムシアナミドに含まれる薬効成分シアナミドは、吸い込むと害がありますのでマスクやゴム手袋を着けて作業します。このシアナミドは、完全分解すると無害化し、肥効の長いチッ素成分へ変わるので安心して使えます。

まず、使い終わった土と腐葉土との比率が七対三になるようにし、用土一〇ℓあたり約七gの石灰チッ素（カルシウムシアナミドが五〇％含有の場合）を全体にまき（畑の場合一m²あたり一〇〇g）、よく混ぜ、六〇ℓほど入るポリ容器に入れます。このとき土は、農薬効果を高めるために、握って土が固まるくらいまで水を加えます。薬効成分シアナミドの無害化には、夏で五日、冬で一〇日ほどかかるのでそれまでは使わず保存しておきます。

■上述の土の再生に用いた資材とその効果

肥料名	分類	効果
腐葉土	有機質肥料	土壌粒子の団粒化・微量要素補給
石灰チッ素	農薬（殺菌・殺虫・除草）	病原菌の減菌・センチュウの殺虫・除草効果
	石灰質資材	ｐＨ矯正・土壌粒子の団粒化・有機物の分解促進・微生物の繁殖
	チッ素肥料	緩効性チッ素の補給

肥料の基礎知識と上手な施し方

1 肥料の基礎知識

●なぜ肥料を施すの？

自然界、たとえば野山では、木が生い茂り、様々な動物が暮らしていて、植物は葉を落とし、あるいは動物の糞や死骸などが少しずつ分解し、植物が必要とする栄養分は絶えず補給、再利用されるシステムが完成しています。

しかし、畑あるいはコンテナなどの環境では、落ち葉や動物の死骸といったものが絶えず供給されるわけではありません。また、人が利用する目的で、使いたい部位が大きくなるように品種育成した野菜や花といった園芸作物といわれる植物は、自然の植物と比較してより多くの養分を使います。さらに、果実や根・葉が収穫されるので、使われた栄養分が土へ戻ることもありません。そのため、栽培に使われ不足した養分は、肥料を施して補う必要があります。

●どんな肥料を使ったらよいの？

肥料は、何からできているかで有機質肥料と無機質肥料に分類できます。また、効き方により速効性肥料・緩効性肥料・遅効性肥料の三つに分類できます。これらは、形状により固形肥料と液体肥料に分類されます。さらに、土壌のpHを矯正するために使う肥料には、石灰質肥料および資材があります。肥料を上手に使いこなすためにはこれらのことを知っておくことが重要です。

❶有機質肥料

有機質肥料には堆肥、腐葉土などの植物性と骨粉、鶏ふんなどの動物性があります。植物性肥料は、肥料分は少なくおもに土壌の改良（団粒化の促進）などに用いますが、動物性肥料は、肥料成分は多いものの、土壌の物理性改良効果は小さいという特徴があります。有機質肥料は、微生物による分解が必要で、肥料を施してから植物が利用できるまでに時間がかかるので、作付けの少なくとも二～三週間前、未熟なようなら一カ月前には施しておきます。有機質肥料は、長期間効果が持続する肥料で遅効性肥料と呼ばれ、おもに元肥に用います。

❷無機質肥料（化学肥料）

無機質肥料（化学肥料）は、チッ素、リン酸、カリの肥料成分を化学的に製造した肥料のことです。チッ素のみのチッ素肥料やリン酸のみのリン酸肥料といったように成分がひとつだけの単肥、単肥を単純にミックスした配合肥料、単肥をミックスしたのち化学合成した化成肥料とがあります。肥料の施しすぎなどの失敗を考えると成分量が低い普通化成肥料が使いやすく便利です。

無機質肥料の多くは速効性で、肥料の効果が持続しないので、多くの場合一～二週間おきに施す必要があります。種類により元肥や追肥として使います。特に速効性が強い肥料に、液体で施す液体肥料があります。

粉末、あるいは粒状の固形状態で施す肥料の多くは肥料成分が長期間にわたって溶け出し、効果が長く持続するため緩効性肥料といいます。多くは元肥として使われる肥料で、固形肥料がこれにあたります。

❸石灰質肥料および資材

多くの野菜は、土のpHが弱酸性から中性の土が適していることは前述したとおりです。もともと日本は雨が多い気候のため、土が酸性になりやすい傾向にあります。これは、大気中に溶けている炭酸ガスが雨水を酸性にし、この酸性の雨水がさらに土壌を酸性にすることによります。土壌が酸性になるとリン酸などの栄養分が欠乏したり、根が傷んだりして、栽培が難しくなります。そこで、土のpHを矯正する必要が出てきます。主な石灰質肥料には、消石灰・生石灰・苦土石灰などがあります。消石灰、生石灰は作付けの少なくとも二週間前、苦土石灰は一週間ほど前には施しておきます。

ただし、野菜の種類により好適pHは異なるので、石灰質肥料を施し何かを栽培した後に、別の野菜のタネまきをする場合は、石灰質肥料を施さず酸性土でも栽培できる野菜を選びます。そのようにすることでむしろ土壌のアルカリ化を防ぐことができます。例えば、酸性土に弱いホウレンソウの後には、酸性土にやや弱いレタスを栽培し、その後は酸性土にやや強いミニカボチャを栽培するといったローテーションです。いずれにせよ正確なpHを、市販のpH測定キットなどでときどき測ることが必要です。また、石灰質肥料や資材は、土壌の団粒構造を維持し、善玉の土壌微生物の活動を活発にするためにも有効です。

■ミニ＆ベビー野菜とそれらの最適土壌pH

酸性土に弱い野菜（最適pH6.0～7.0）	ベビーホウレンソウ ミニニンジン ミニタマネギ コネギ
酸性土にやや弱い野菜（最適pH5.5～7.0）	ベビーコールラビ ベビーインゲン ミニカリフラワー スティックブロッコリー ベビーレタス メキャベツ ベビールッコラ
酸性土にやや強い野菜（最適pH5.2～7.0）	ミニカボチャ ミニトマト フルーツパプリカ ミニメロン ベビーツケナ類 ミニチンゲンサイ コカブ ミニダイコン ラディッシュ ミニスイカ ミニ＆ベビーキュウリ コナス ベビースイスチャード

野菜は、草花などに比べはるかに肥料を使います。肥料の施し方ひとつで収量に大きな差が出ます。肥料は野菜を植え付ける前に施す元肥と、野菜の生育途中で施す追肥に分けます。これはタネまきから収穫までの期間、多くの場合、元肥だけでは肥料の効果が維持できないので、追肥で補う必要があるためです。

●元肥の施し方

元肥には、おもに土の構造を維持させ肥料の効き方を長くし、植物に必要な微量要素（七六頁参照）を補給するための有機質肥料、土のpHを改善させるための石灰質肥料や資材、それに植物にとって欠かすことのできないチッ素・リン酸・カリを補給するための無機質（化学）肥料の三つを施します。

有機質肥料には腐葉土がありますが、分解して植物が使えるようになるまでに時間がかかるので、通常、土全体の三割程度が腐葉土になるように一〇ℓあたり一三〇〜二〇〇g（畑なら二〜三kg／m²）を作付けする二〜三週間前に施します。石灰質資材は、例えば苦土石灰なら作付けの一週間前までに一〇ℓあたり約七g（畑なら一〇〇g／m²）を均等にまき、よく耕して混ぜておきます。そして、無機質肥料には、即効性あるいは緩効性のものを用いますが、チッ素分などが逃げて肥効が低下するのを避けるため、これらは作付け前に施します。普通化成肥料なら一〇ℓあたり約七g（畑なら一〇〇g／m²）を、均一によく施します。

●追肥の施し方

コンテナ栽培する場合、水やりの回数が多いために、肥料成分が水と一緒に流れやすく不足しがちです。そこで追肥は普通化成肥料など成分量の少ない肥あたりしにくい肥料を回数を多く施すことが大切です。

■おもな肥料の種類とその特性

分類		肥料名	肥効	用途	酸度	成分（%）			その他成分(%)
						チッ素	リン酸	カリ	
有機質肥料	植物性肥料	堆肥（落葉・完熟）	遅効性	元肥	中性	0.5〜2	0.1〜1	0.2〜2	
		腐葉土	遅効性	元肥	中性	0.3〜1	0.1〜1	0.2〜1.5	
		油かす	遅効性	元肥	中性	5〜7	1〜2	1〜2	
		草木灰	速効性	元肥 追肥	アルカリ性		3〜4	7〜8	
	動物性肥料	骨粉	緩効性	元肥	中性	4	17〜24		
		乾燥鶏ふん	速効性	元肥	中性	4〜6	6〜8	3〜4	
	配合肥料	有機質入り配合肥料	速効+緩効性	元肥	中性〜酸性	製品により混合割合は様々			
無機質（化学）肥料		単肥配合肥料	速効性	元肥 追肥	中性〜酸性	製品により混合割合は様々			
	化成肥料	普通化成肥料	速効性	元肥 追肥	中性〜酸性	N－P－Kの成分の合計が30%以下			
		高度化成肥料	速効性	元肥 追肥	中性〜酸性	N－P－Kの成分の合計が30%以上			
	チッ素肥料	硫安	速効性	元肥 追肥	酸性	21			
		尿素	速効性	追肥	中性	46			
		石灰チッ素	緩効性	元肥	アルカリ性	21			カルシウム60
		CDU	速効+緩効性	元肥	中性	32			
	リン酸肥料	過リン酸石灰（過石）	速効性	元肥	酸性		17〜20		
		溶性リン肥（溶リン）	遅効性	元肥	アルカリ性		20		カルシウム30以上 マグネシウム12以上
	液体肥料		速効性	追肥	中性	製品により混合割合は様々			
石灰質肥料および資材	生石灰			元肥	アルカリ性	カルシウム			
	消石灰			元肥	アルカリ性	カルシウム70			
	苦土石灰			元肥	アルカリ性	カルシウム45 マグネシウム3.5以上			

ところで、各野菜の施肥量は、毎回厳密にはかりで量る必要はありません。肥料の施しすぎはいけませんが、団粒構造の整った土なら、多少、肥料が多くてもクッションのような能力があり、また、植物自体も肥料の量が極端に多くなければ許容範囲は広いのであまり神経質になることはありません。

そこで肥料を施す際に活躍するのが、自分の手です。施肥量が、自分の手ならばどれくらいなのか事前に量っておくと便利です。おおまかにいえば、三本指で一つまみは約一・五g、五本指で一つまみは約五g、片手で一にぎりは約三〇gくらいです。自分の手が平均してどれくらいか知っておくとよいでしょう。

3 もっとくわしい肥料の話

●植物の成長に必要な成分はなに？

植物が健全に育つためには、光、空気、水、温度の他に、養分が必要です。この養分についてもう少しくわしくお話ししましょう。植物の体は四〇種以上の元素で作られています。そのうち特に多く含まれ植物の生育に欠かせない一六種類の元素が、必須元素と呼ばれています。必須元素は、どれかひとつでも欠乏すると植物は成長を完結することができず、他の元素では代替できないなどの特徴があります。必須元素のうち、炭素・酸素・水素・チッ素・リン・カリウム・カルシウム・マグネシウム・イオウの九元素は、特に多量に使われるため多量要素と呼ばれます。

多量要素九元素のうち、空気や水から取り入れることができる炭素・酸素・水素の三元素を除いた六元素のうち、植物に使われる量が特に多く、土中において不足しやすいチッ素、

（N）、リン（P）、カリウム（K）は、重要な元素といえます。これらは、肥料としてチッ素（N）はそのまま、リン（P）とカリウム（K）はそれぞれの酸化物であるリン酸（P_2O_5）とカリ（K_2O）で表現し、これらチッ素（N）、リン酸（P_2O_5）、カリ（K_2O）は、「肥料の三大（大量）要素」といわれています。

多量要素から炭素・酸素・水素の三元素と三大要素を除いた、残りのカルシウム、マグネシウム、イオウの三元素は三大要素の次に重要で中量要素と呼ばれます。

そして、必須元素から多量要素を除いた、残りの鉄、マンガン、ホウ素、亜鉛、モリブデン、銅、塩素の七元素は微量要素と呼ばれます。

必須元素の炭素・酸素・水素の三元素は、植物体の約九〇％を占め、空気や水から取り入れることができます。ところが、残りの一三元素は、肥料の形で人が施さなければ植物は使うことができません。そこで、私たちが植物に肥料を施す必要が出てくるのです。

●肥料の袋にある15-12-15ってなんのこと？

肥料袋には販売業者保証票が必ず記載されています。ここに、チッ素、リン酸、カリの量が、成分比として、全体を一〇〇としたときそれぞれの重量をN-P-Kの順番に明記されています。つまり、15-12-15と書いてあれば、それは肥料一〇〇g中にチッ素が一五％（一五g）、リン酸が一二％（一二g）、カリが一五％（一五g）含まれていることを示しています。このN-P-Kのあとに数字がある場合は、マグネシウム、カルシウム、マンガンなどの中量および微量要素の成分比です。

■必須元素と主な元素の働きとその欠乏および過剰症状

分類			はたらき	欠乏症状	過剰症状	土中・植物体での動き・その他
三大（大量）要素	植物に使われる量が特に多い重要な元素で主食のようなもの。	チッ素（N）	❶タンパク質の原料として光合成に必要な葉緑体や体内代謝のための酵素として使われる。❷養分の吸収作用にも関与。❸茎や葉など植物の体を作る栄養成長に重要で、チッ素を含む肥料を「葉肥」という。	❶古い葉の色がまず黄色くなり、症状が強い場合は、下葉から枯れあがる。❷葉が全体に小さくなる。❸繊維質が増え筋っぽくなる。	❶葉色が濃くなる。❷生育が旺盛になり葉や茎が増え「過繁茂（かはんも）」の状態になる。❸植物体が軟弱になり、繊維質が減り病害虫の被害を受けやすくなる。❹果菜類では、花芽分化が遅滞し開花が遅れ「花落ち」などの原因になり、最終的に収量が低下する。	❶水と一緒に流れやすく土中で欠乏しやすい。❷植物体内で容易に移動する元素のため、不足するとその症状は下葉などの古い葉から出てくる。
		リン（P）	❶エネルギー代謝に関与する物質やDNAなど核酸の重要な構成元素。❷細胞分裂の盛んな茎頂や根端の成長点、あるいは花や果実など生殖器官で使われる。❸結実など生殖成長に重要なのでリン酸をおもに含む肥料を「実肥」という。	❶茎や根の伸長が妨げられ、葉では、葉色が濃くなる。❷生殖器官や成長の盛んな部位で発生するため開花や結実が悪くなる。	障害はあまりでない。	❶火山灰土では土中のアルミニウムや鉄などと結合して水に溶けにくくなる。❷植物体内では移動しにくい元素。
		カリウム（K）	❶タンパク質の合成、細胞の浸透圧に関係することから細胞の伸長、光合成などに関与。❷茎や根の形を維持し強健に保つことから、カリを主に含む肥料を「根肥」という。	❶草丈が低くなり、茎など植物体が弱くなる。コナスなどでは白色や褐色の斑点が、ミニトマトなどでは葉脈の間が黄色くなり、ベビーホウレンソウなどでは葉縁が黄色化する。❷果実はカリを必要とする器官で、不足すると果実周辺の葉に欠乏症状が現れやすい。	❶症状として現れにくいが、多量のカリウムは、チッ素、カルシウム、マグネシウムの吸収を阻害し生育不良になる。❷葉が褐色になり萎縮する。	❶水と一緒に流れやすく土中で欠乏しやすい。❷植物体内で容易に移動する元素のため、不足するとその症状は下葉などの古い葉から出てくる。

	分類		はたらき	欠乏症状	過剰症状	土中・植物体での動き・その他
中量要素	三大（大量）要素の次に重要で副食のようなもの。	カルシウム（Ca）	細胞と細胞をつなぐ役割に関与し細胞壁の強化や根部の伸長に欠かせない元素。	❶高温乾燥やチッソ過多で不足しやすい。❷果実などで欠乏症状が出やすく、ミニトマトの尻腐れ果など。	障害はあまりでない。	❶植物体中では移動しにくい元素。❷苦土石灰の施肥で十分補給できる。
		マグネシウム（Mg）	❶葉緑素の構成成分❷エネルギー代謝やタンパク質合成に関与。	❶下葉などから症状が出る。❷果実の肥大期にはマグネシウムはたくさん使われるためメロンやスイカでは果実周辺の葉の枯れ症状を起こしやすい。	障害はあまりでない。	❶土中でカリやカルシウムが多いと吸収が阻害される。❷植物体内では移動しやすい元素のため、不足するとその症状は下葉などの古い葉から出る。❸苦土石灰の施肥で十分補給できる。
		イオウ（S）	マメ科・アブラナ科の野菜は、イオウの要求性が高い。	チッ素と同じような症状。		火山国日本では、イオウの施肥は基本的に必要ない。
微量要素	植物の生育に欠かせない元素で、わずかな量を必要とするビタミンのようなもの。	鉄（Fe） ホウ素（B） マンガン（Mn） 亜鉛（Zn） モリブデン（Mo） 銅（Cu） 塩素（Cl）				元素で単独な形で与えるものではなく、堆肥、腐葉土などの有機質肥料などで補給する。

タネまきから挑戦してみましょう

栽培の手順は大まかに右のようになります。タネまきから定植までの苗を仕立てることを育苗といいます。苗の時期は植物体が小さく、不良な環境や病虫害に弱いので、特に注意深く育てる必要があります。昔から「タネ半作、苗七分作」というように高品質なタネが、野菜栽培の五割を、よい苗を仕立てることが、野菜栽培の七割を決めるとまでいわれています。

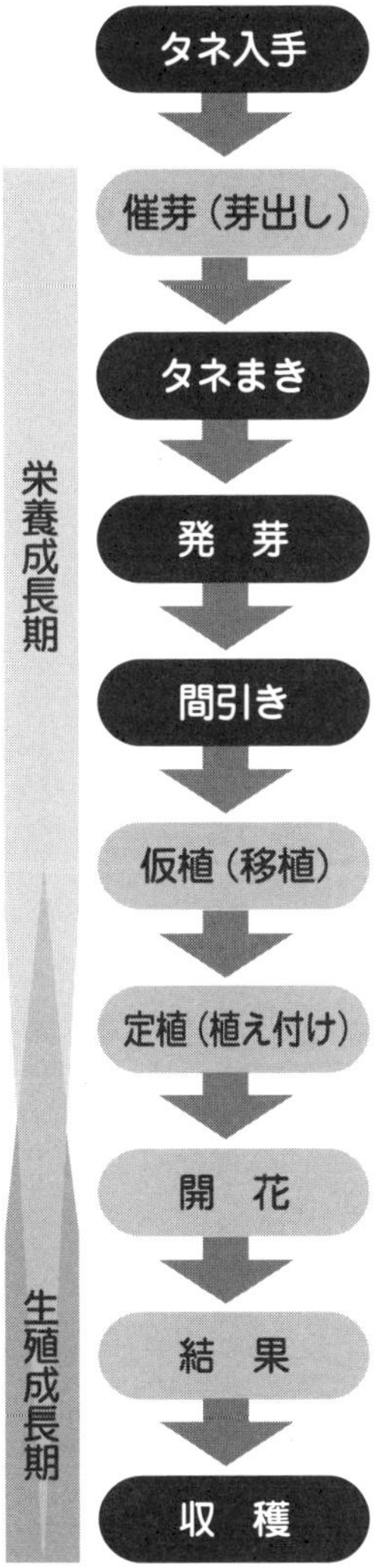

■栽培の手順

注）白抜き文字はどの野菜にも共通した作業

●野菜ごとの花芽がつく条件をおぼえておこう

ところで、果菜類やミニカリフラワーなど一部の葉菜類は、花芽を作った後に収穫します。茎や葉などが充実する栄養成長に対し、花芽分化（花の赤ちゃんができること）、開花、受粉、受精、結果（実がなること）といった一連の成長過程を生殖成長といいますが、これらの野菜は、生殖成長に入り花芽形成されないと話になりません。これに対し、葉・根菜類は、葉、茎、それに根が収穫対象で、花芽ができてしまうと逆に収穫物が十分な大きさにならなかったり、品質が劣化したりすることがあります。そのため時期によってはすぐに生殖成長に入らないような品種の選択や栽培の工夫が必要になります。例えば、ミニダイコンなどでは、茎が伸びて花芽ができる抽だい（とう立ち）により根の肥大部分に空洞ができる、いわゆるス入りがおきるので、時期によっては保温して、生殖成長に入らないような工夫が必要になります。このように野菜ごとの花芽形成の条件を知ることが野菜作りでは重要です。

花芽分化は、①温度、②日長、③体の成長の三つのきっかけで起こります。まず温度による花芽分化ですが、葉・根菜類は植物体が低温（三～八℃）にあうと花芽が形成される野菜で、この現象を春化といいます。春化には、植物体がある程度の大きさになると花芽分化する緑植物春化と、タネが給水し発芽しかかった後はいつでも低温により花芽分化する種子春化に分けられます。さらに、日の出から日没までの日の長さ（日長）により植物が様々な影響を受けることを光周性といいます。特に、日長がある長さ以上になると花芽分化する植物を長日植物といい、ある長さ以下で花芽分化する植物を短日植物といいます。

■花芽分化の要因と野菜の種類

花芽分化要因			野菜
温度	低温	種子春化	ミニダイコン コカブ ラディッシュ ベビーツケナ類 ミニチンゲンサイ ベビールッコラ
温度	低温	緑植物春化	ミニタマネギ コネギ ミニカリフラワー スティックブロッコリー メキャベツ ベビーコールラビ ミニ&ベビーキュウリ（雌花） ミニカボチャ（雌花） ミニメロン（雌花） ミニニンジン
温度	高温		ベビーレタス ミニスイカ
日長	短日植物		ミニキュウリ（雌花） ミニカボチャ（雌花） ミニメロン（雌花）
日長	長日植物		ベビーホウレンソウ ベビースイスチャード
栄養			ミニトマト コナス フルーツパプリカ ベビーインゲン

1 ミニ&ベビー野菜のタネはどうやって手に入れたらいいの？

タネや苗は、種苗店（いわゆるタネ屋さん）や園芸店、それにホームセンターで入手できます。しかし、すべてのミニ＆ベビー野菜が、それらのお店で入手できるわけではありません。ミニ＆ベビー野菜には、特殊なものや品種によっては決まった種苗会社でしか扱っていない場合があります。欲しい品種のタネなどが入手できないときは、種苗店に取り寄せてもらうか、種苗会社の通信販売を利用して入手します。

タネ袋には、野菜の種類、品種名、その品種の特徴、栽培方法が書かれています。さらに、栽培暦がありますが、多くは、温暖地（一般地と表記されている場合もある）での栽培時期が書かれています。

また、タネは、密閉できる容器の中へ乾燥剤などと一緒に入れ、冷暗所で保存します。それでも、タネは生き物なので寿命があります。タネ袋に記載されている有効年月、発芽率などを目安にできるだけ早く使い切るようにします。さらに、袋には、栽培方法などの説明が書かれています。栽培方法と栽培暦は、タネまき前に必ず読んでください。これが、失敗しないタネまきの第一歩です。

それから、タネを着色してあることがあります。これは苗立枯病予防のためなどの種子消毒済みであることを示すためです。

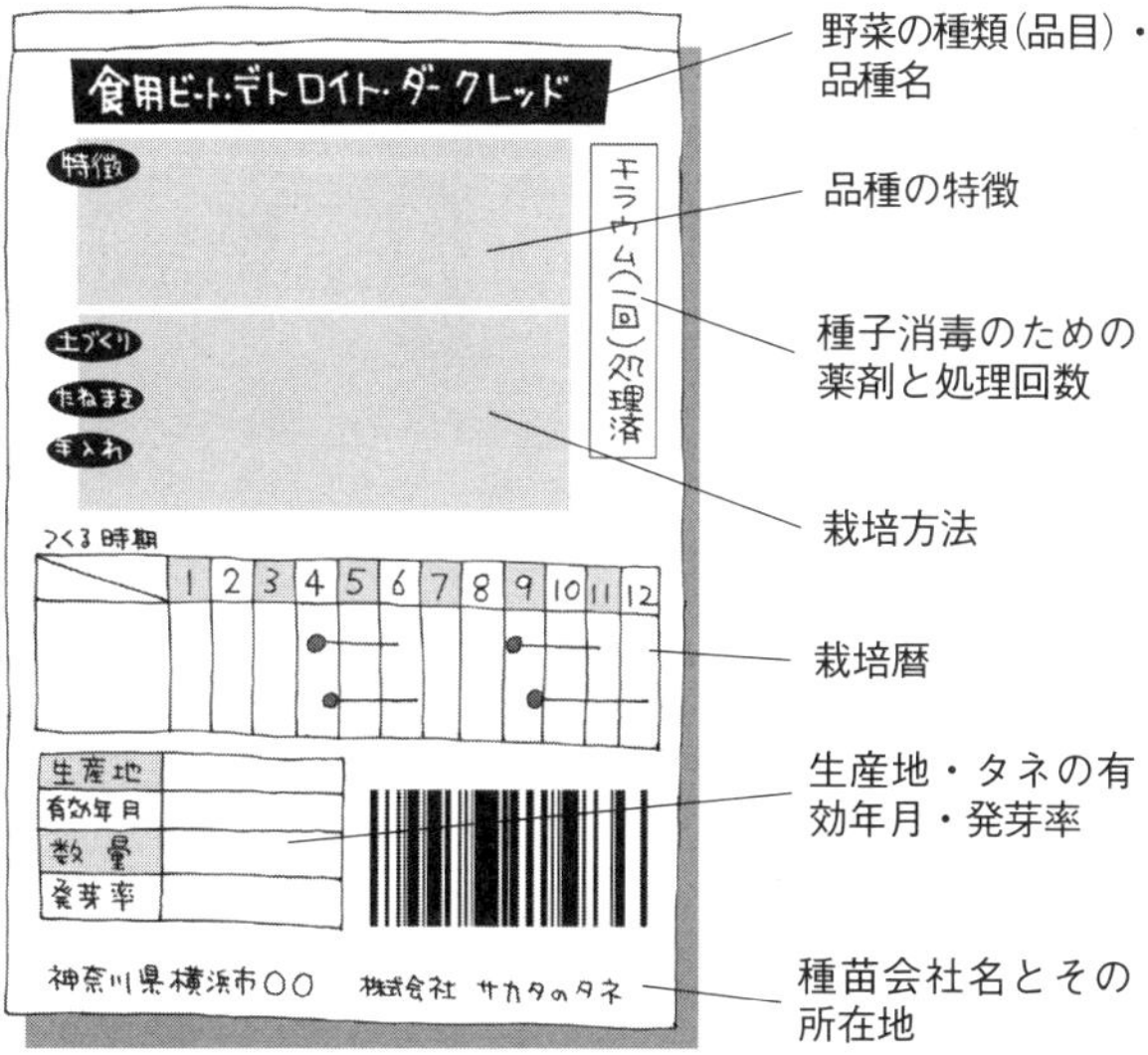

■タネ袋に書かれた情報

また、同じ種類の野菜ならF_1品種を選ぶほうが失敗を少なくできます。遺伝的にそろった異なる品種（系統）を両親にして交配すると、その子ども（雑種第一代：F_1）は、そろいがよく、病気に強いなど栽培しやすい性質を持ちますが、F_1品種とはその性質を利用した品種のことをいいます。キク科やマメ科を除く、多くの野菜でF_1品種が普及しています。

2 タネをうまく発芽させるための条件は？

タネが発芽するためには、水、温度、酸素、さらに野菜の種類によっては光が必要になります。タネは吸水することで、貯蔵されたデンプンなどの養分がタネの持つホルモンや酵素により分解されて糖などになり、さらに私たちと同じように酸素を吸って（呼吸）、糖を分解するときに得られるエネルギーで発芽します。これらのことから、タネまきでは次の四つのことが大切で、それに応じた管理が必要です。

❶発芽までは乾かさないように、発芽後は乾かし気味に

発芽するまでは、十分な水が必要です。ポットやセルトレーなどにタネまきする場合、夏など日当たりがよすぎると乾きやすいので発芽までは半日陰におきます。発芽した後は、日当たりのよいところにすぐ移し、乾かし気味に管理します。コツは、土をタネまき前にしっかりと湿らせておくことと、タネまき後、発芽までは、土の表面が軽く乾いたらプレッシャー式噴霧器などを使って土やタネが流れないように「霧かん水」でしっかり水やりするようにすることです。

❷発芽までは発芽適温よりやや高めの温度にする

温度は、発芽までは発芽適温より数℃ほど高めに維持したほうが、発芽が早まり、発芽率

も高まります。しかしながら、ベビーレタスやベビーホウレンソウなどは、タネを目覚めさせるためにタネまき前に、タネを一昼一夜吸水させた後、湿らせた状態で冷蔵庫などで低温処理する催芽（芽だし）を行うこともあります。

外気が発芽適温以下の時期は、温度を高く維持するためにフレームや保温箱にまくか、室内で保温・加温することが大切です。ただし、過保護は苗を軟弱にさせる原因になります。発芽後は、必要以上に温度が上がらないように日中はできるだけ換気し、光に当てます。日が十分当たらないと苗が徒長してモヤシのようになってしまうので気をつけましょう。

❸呼吸のための酸素を確保する

タネをまいた後、そのタネの上にかぶせる土を覆土といい、これは通常タネの二〜三倍の厚さがよいとされます。「タネをまく」というと、土に穴を掘ってタネを埋める感じがしますが、あまり深くまくと、十分な酸素が得られず発芽しにくくなります。

また、育苗用培養土の条件は六五頁で前述したとおり、清潔で、水もちと水はけがよいことなどですが、排水が悪いと根が酸素不足で窒息してしまいます。肥料を与えすぎて肥料の濃度が濃かったり、水をあげすぎたりすると、根が腐る根腐れ病が出たり苗が伸びすぎて徒長してしまうので、過保護になりすぎないようにします。

❹発芽に光を必要とする種子では覆土はしない

発芽に光を必要とする好光性種子の場合、覆土はしないのが原則ですが、乾燥を防ぐために育苗用培養土やバーミキュライトなどの培養土をごく薄く覆土することもあります。逆に発芽に光を必要としない嫌光性種子はしっかり覆土しましょう。

3 タネのまき方っていろいろあるの？

タネのまき方には次の三つの方法があります。野菜の種類や収穫の方法などでまき方をかえます。

❶バラまき

タネをまき床にまばらにまく方法。タネが細かい場合やベビーリーフなどはこの方法でタネまきします。

1. 板などを用い土の表面を平らにします。かまぼこの板などが使いやすいです。

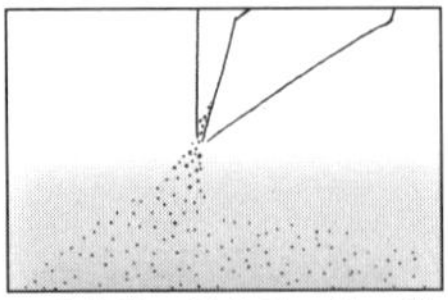

2. タネは、手あるいは、半分に折ったハガキなどを用い、赤飯にゴマ塩をまく要領で均一にまきます。タネが細かくてまきにくい時は砂などを混ぜてまきます。

3. 覆土の必要なタネは、市販の育苗用培養土やふるいにかけた土などをタネが隠れる程度に薄くかけます。

❷点まき

株が大きくなるダイコンやキュウリなど、あるいはタネが大きなインゲンなどに用いるタネまきの方法で、多くの野菜はこのまき方をします。

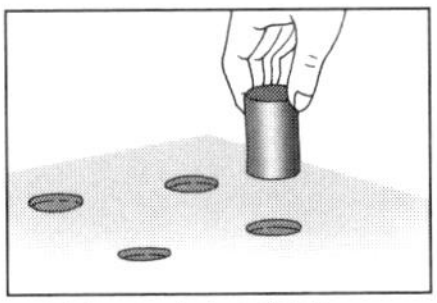

1. 平らにした土の表面に、1つないし、まくタネの粒数分、まき穴を指先であけます。フィルムケースなどを用い、まき穴を大きく作ることもあります。

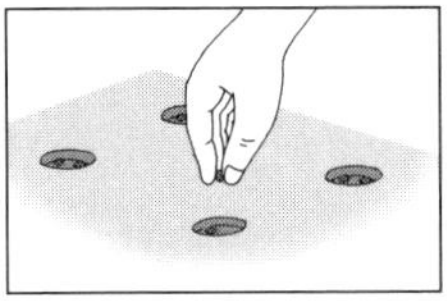

2. タネを数粒ずつまきます。

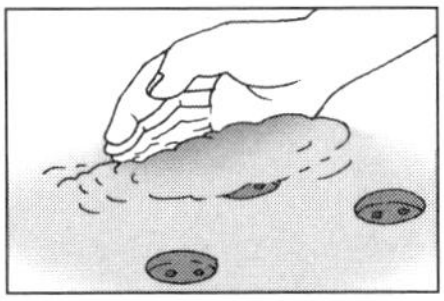

3. まわりの土をよせて覆土します。タネまき直後は、しっかり水やりします。

❸条（すじ）まき

一定の株間・条間で栽培する野菜に用いるタネまき方法。ミニニンジンやコカブなどで用います。

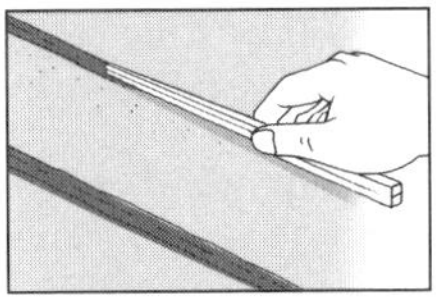

1. 表面を平らにした後、タネの大きさにもよりますが、土表面に板や割りばしなどで1cmほどの深さで条（すじ）状に溝きりします。

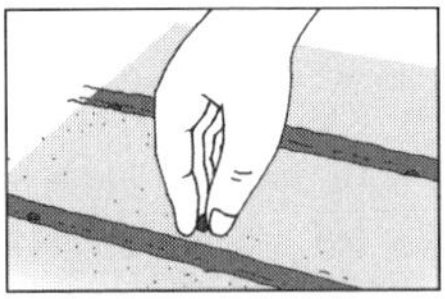

2. 溝に沿ってタネを均一になるようにまいていきます。

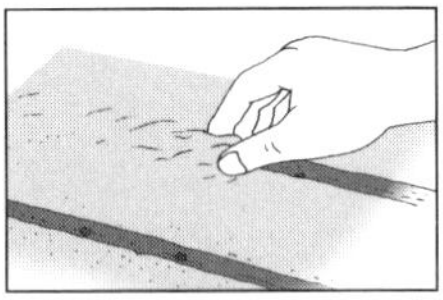

3. 覆土の必要なタネは、溝の両脇から土をよせてタネにかけます。発芽に光が必要な好光性種子の場合は、市販の育苗用培養土やふるいにかけた土などをタネが隠れる程度にごく薄くかけます。

水やりのポイント

水やりは、プレッシャー式噴霧器や霧吹きを使うようにします。発芽までは乾かさないように注意します。ジョロなどを使うと土と一緒にタネが流れてしまうことがあるので避けます。

4 直まきか、育苗か？

タネまきには収穫まで育てる場所に直接まく直《じか》まきと、ポットなど小さな容器でしばらく育てる育苗の二つがあります。直根性といい細い根が少なく、太くまっすぐ下に伸びる根を持つ野菜は直まきにします。育苗は、その間保温をすることで生育を早めることができ、最初は小さなスペースで育てることができるので、場所を有効利用することができます。育苗では苗が大きくなるにつれて少しずつ大きなポットに仮植（移植）しますが、それによりそれぞれのポットいっぱいに根が張り、せまいコンテナの土の中にたくさんの根を張らせることができます。育苗にはポット（鉢）とセル（プラグ）で育苗する二つの方法があります。

❶直まき

苗を移植することなく、畑やコンテナに直接タネまきする方法を直まきといいます。直根性のミニニンジンやミニダイコンなど根菜類、それにベビーインゲンといったマメ科野菜などは、移植時に根が切られると奇形になったり、植え傷みしたりするので直まきします。

❷ポット（鉢）育苗

おもにポリポットなどに育苗用培養土を入れ、そこにタネを点まきして苗を育てる方法です。仕立てた苗は、成長するにつれて少しずつ大きなポットへ仮植（移植）したり、収穫する場所へ定植（植え付け）したりします。

通気性、保水性抜群で、それ自体が天然素材の土でもあるピートモスを主原料としたジフィーセブンやジフィーポットならそのまま植えかえられ根傷みしにくいので、直根性のマメ

ジフィーセブン

1. ジフィーセブンを容器に入れ注水し吸水させます。この時、ぬるま湯を使うと早くきれいにふくらみます。

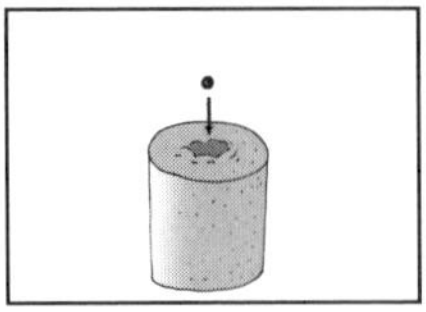

2. 十分にふくらんだら中央部を軽くほぐしタネをまきます。覆土の必要なタネは、まき穴まわりの土を寄せるか、ピートモスなどをかけます。発芽までは半日陰などに置き乾燥に注意します。

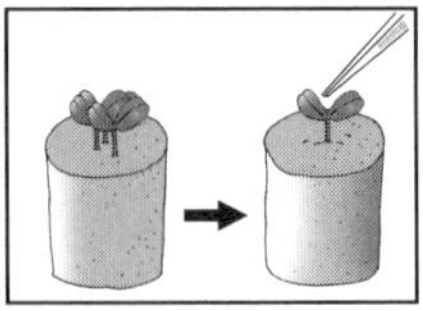

3. タネを数粒まいて発芽したら、順次、間引きし１本にします。ジフィーセブンには初期の育苗に必要な肥料は含まれていますが、20日以上にわたる育苗の場合、肥料分が切れてきますので適宜、液肥を施します。

4. 苗が大きく育ちジフィーセブンの周囲から根が出るようになったら、ジフィーセブンごと定植します。移植するときはジフィーセブンが土の中にかくれるように植え込み、まわりに十分に水をかけます。

ジフィーポット

1. 事前に十分に湿らせた市販の育苗用土をジフィーポットに入れます。土は、鉢の縁ぎりぎりまで入れ、強く押さえたり、こねたりしないようにします。

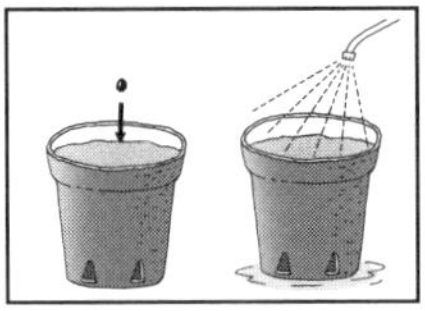

2. 植え穴は指先や細い棒などで軽くあけ、タネまきします。覆土の必要なタネは、まき穴まわりの土を寄せてタネを埋めます。発芽までは乾燥に注意します。

3. タネを数粒まいて発芽したら、順次、間引きし１本にします。育苗中は乾燥、過湿に注意します。育苗日数が長くなるときは適宜に液肥を与えます。

4. ジフィーポットのまわりに根が貫通してくるのを目安に苗をジフィーポットごと移植します。移植の際はジフィーポットが土の中にかくれるように植え、周りに十分に水を与えます。

セル（プラグ）育苗

1. 事前に十分に湿らせた市販の育苗用土をセル（プラグ）成型トレーに均等に入れます。

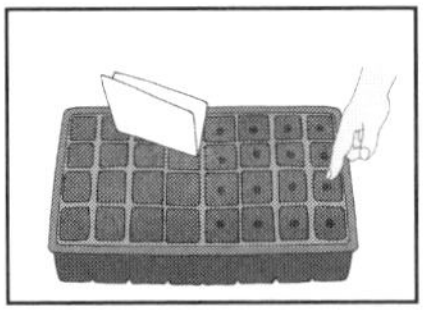

2. 人差し指で土の表面を軽く押し、タネをまくためのくぼみを作り、タネまきします。覆土の必要なタネは、育苗用土を上から軽くかけます。

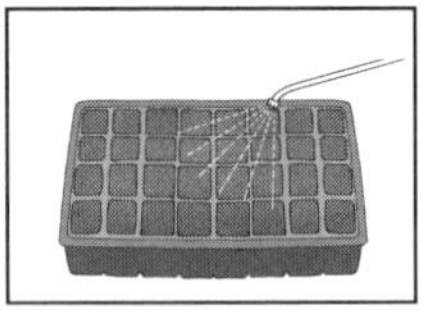

3. 水やりは、プレッシャー式噴霧器や霧吹きを使うようにします。ジョロなどでは土と一緒にタネが流れてしまうことがあるので避けます。トレーの下から水が出るまでしっかり水やりします。

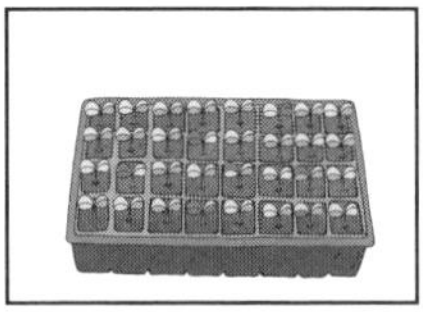

4. タネまき後は用土の乾燥・過湿に注意し、一定の湿度を保つようにします。苗は、順次、間引きして１本にします。移植の時は、各穴の壁面に沿って竹串などを入れ、根鉢を崩さないように苗を抜きます。

■ジフィー製品とセル（プラグ）成型トレーの使い方

科野菜でも育苗・移植が可能になります。

❸セル（プラグ）育苗

角柱状・円柱状の小さな鉢（セル）を連結し、幅三〇cm、長さ六〇cm程度の短冊状にした、タネまきをして育苗するためのプラスチックなどでできたトレーを、セル（プラグ）成型トレーといいます。このセルに育苗用培養土をつめ、指などで表面にくぼみをつけそこにタネまきします。栽培する植物の種類に応じてセル数をかえることができます。セルの中に根が軽く回り、植物をセルから抜いたときに根と土が集まった根鉢ができたら植えかえます。

5 発芽後の管理

❶早めに間引き、徒長を防ぐ

野菜の成長に従い混み合っている株を抜き取ったり、茎を切り取ったりして間隔を広げることを間引きといいます。間引きによって、日当たりや風通しがよくなり、日光不足などで茎などが通常よりも長く伸びる徒長を防いだり、限られた養分を質のよい株へ集中させたりできるので、植物体が健全に育ちます。通常、間引きは、一度に全部するのではなく、本葉二〜三枚ころまでに、葉が重ならないうちに数回に分けて少しずつ行います。

❷追肥は発芽後二〇〜三〇日から液肥で

発芽直後は、タネや子葉に蓄えられた養分を使い、植物は成長することができます。特に市販の育苗用培養土の多くには肥料分が含まれているので、さらに肥料を施すと幼苗を枯らしてしまうことにもなりかねません。普通、市販の育苗用培養土の場合、二〇〜三〇日程度は施肥の必要はありませんが、それを過ぎると養分が欠乏してきますので水やりをかねて液肥を施すようにします。

❸水やりは午前中にたっぷりと、乾湿の変化をつけて

野菜作りのための重要な作業の中のひとつに水やり（かん水）があります。植物は、水と一緒に養分を吸い、水を使い光合成を行い成長し、体の形を維持しています。水やりの仕方を間違えて枯らしてしまうこともあります。

苗の時期は、ジョロなどでジャブジャブ水やりするのは禁物です。プレッシャー式噴霧器のノズルの先をはずし、水を少しずつあげると便利です。このとき、水やりは、午前中に行い、午後はよほど乾かない限り控えるようにします。

畑では、苗がしっかり根付く（活着）まで水やりしますが、一旦、活着すれば地下水を利用でき、雨などでも水は補給されるので、よほどの日照りで干ばつになるようなことがない限り水やりはする必要はありません。水やりしすぎると根が浅いところでしか張らず、夏になると暑さでしおれやすくなります。

ポットやコンテナでは、水やりに少々コツがあります。土の量が決まっているうえ、気温の影響を受けやすいので、水は午前中できれば午前一〇時ぐらいまでにあげます。さらに、一回の水やりはたっぷりと、ポットの縁から水がこぼれるくらいまで与えます。たっぷり水を与えることで土の中へ水と一緒に空気（酸素）が引き込まれ、ポットの底からは土中の空気（CO_2）や有害物質が排出されます。コンテナ栽培で、土が乾きやすくなったら、根が周り、根の張っている範囲（根圏）の大きさに対して地上部ができすぎている合図です。その場合は、鉢サイズを大きくして植えかえると、乾きにくくなり水やりも楽になります。

ポイントとして、水は、乾いたらあげるようにし、しっかりと乾湿の差をつけることです。

いつも、土が湿った状態は、根腐れなどにより野菜を枯らしてしまう原因になります。

6 病虫害対策

普通の野菜に比べ、ミニ&ベビー野菜は、栽培期間が短い分、病虫害にあう確率が小さい野菜といえます。しかし、小さいうちに収穫するので、虫などをほうっておくといつの間にか収穫できなくなってしまうといった悲劇に見舞われるかもしれません。また、日本の夏は熱帯並みに暑く、病虫害の発生も顕著で最終的には農薬の力を借りて防がざるを得ない場合も発生します。

病虫害防除には、農薬散布といった化学的な方法だけでなく、防虫ネットを使うような物理的な方法や、除草やコンパニオンプランツを栽培するなどの耕種的な方法などがあり、これらを組み合わせ総合的に行うことが大切です。なによりも、毎日こまめに野菜の状態を観察することが防除の第一歩です。

❶耕種的防除

まず雑草や枯れた葉などを取り除き、栽培環境を衛生的に保ち、病気や害虫が繁殖しにくい環境を作ります。

また、耐病性品種を用いる方法は特定の病害に対しては最も簡単で効果的な方法です。例えば、ミニメロンの「プリンスPF」はうどんこ病、ミニトマトの「アイコ」は葉かび病に抵抗性があります。

さらに、野菜と一緒にコンパニオンプランツ（共栄植物）を植える方法があります。コンパニオンプランツの種類にはその働きにより次の二つに分けられます。一つは、病害虫を寄せ付けず目的の野菜を守る植物、もう一つは、病害虫を引き寄せることによって目的の野菜を守る植物です。

例えば、ミニダイコンの表面に穴があくようなら、センチュウによる害が考えられます。この場合、マリーゴールドを栽培することで被害を軽減できます。また、バジルは、トマトの病気予防になるなど、ほかにもコンパニオプランツはいくつもあります。

❷物理的防除

虫などを手やピンセットなどで取り除いたり、防虫ネットで防いだりする方法です。防虫ネットは、光や風の透過性のよい商品が市販されていますので、それを使います。その際、大切なことは、直まきの場合はタネまき時からネットをかけることと、移植する場合は定植時に苗に害虫がついていないか確かめることです。害虫を持ちこんだままネットをかけるとその中で害虫が増えてしまいます。

❸化学的防除

いわゆる農薬を用いる方法です。確実に狙った病気や害虫を防除するにはたいへん効果的です。最近は、天然成分などに由来した安心して使える農薬も多く、農薬には、殺虫剤と殺菌剤があり、殺虫剤は害虫を、殺菌剤は病気を防除する薬剤です。対象となる野菜や病害虫の種類によって使える農薬が異なります。さらに、農薬の効果や特性を理解する必要があるので、店の人や専門家にアドバイスをもらいながら選ぶとよいでしょう。薬をまくときは決められた方法に従いますが、散布は、風の少ない朝夕の涼しいときに行い、マスクや手袋をして、肌はなるべく出さないようにし、散布後は、石鹸で手や顔をよく洗い、うがいをしましょう。

24品目の解説と地域別栽培暦

栽培暦は大まかな目安で各品種により異なるので、タネ袋なども併せて参照してください。

難易度はそれぞれ、易を★、中を★★、難を★★★で表しています。

●タネまき　■収穫　定植　仮植　保温　×交配

葉菜類
Leafy vegetables

ベビーツケナ類（アブラナ科の非結球ハクサイ、タイサイ、キョウナ、コマツナなどの総称）

難易度★

学名	*Brassica campestris*	**科名**	アブラナ科
原産地	地中海沿岸・中央アジア	**発芽適温**	15〜25℃
好・嫌光性種子	好光性	**生育温度・適温**	0〜30℃・15〜25℃
栄養特性	ビタミン類は、カロテン、ビタミンC・E・K、ミネラルはカリウムを豊富に含む。特に、カルシウムの含量はホウレンソウを上回り、ビタミンKとともに骨粗しょう症にも効果がある。また、青もの野菜の特徴でもある葉酸やクロロフィルも豊富。葉酸は、造血などの作用のほか、胎児の神経系の発達に重要で、クロロフィルは、コレステロール値を下げ、強い抗酸化作用がある。		
推薦品種	**「ベビーサラダ・ミックス」** 8種類のツケナ（コマツナ、カラシナ、ベカナ、ショウサイ、タイサイ、キョウナ、ノザワナ、サントウサイ）のタネがミックスしてあり、手軽にベビーサラダが楽しめる。 **コマツナ「きよすみ」「浜美2号」** いずれも病気（萎黄病、白さび病）に強く、春から初夏まき栽培に最適の中生品種。草姿は株全体が立った状態になる。葉はやや小さめの楕円型、濃緑で光沢がある。「きよすみ」は、春から初夏に、「浜美2号」は、冬から春にかけて特に栽培しやすい。		
病虫害	コナガ、アブラムシなどの害虫防除には不織布など防虫資材を用いたトンネル被覆が効果がある。トンネル被覆は生育後半期には除去し、葉の色、光沢などの品質向上をはかる。		

「ベビーサラダ・ミックスの場合」

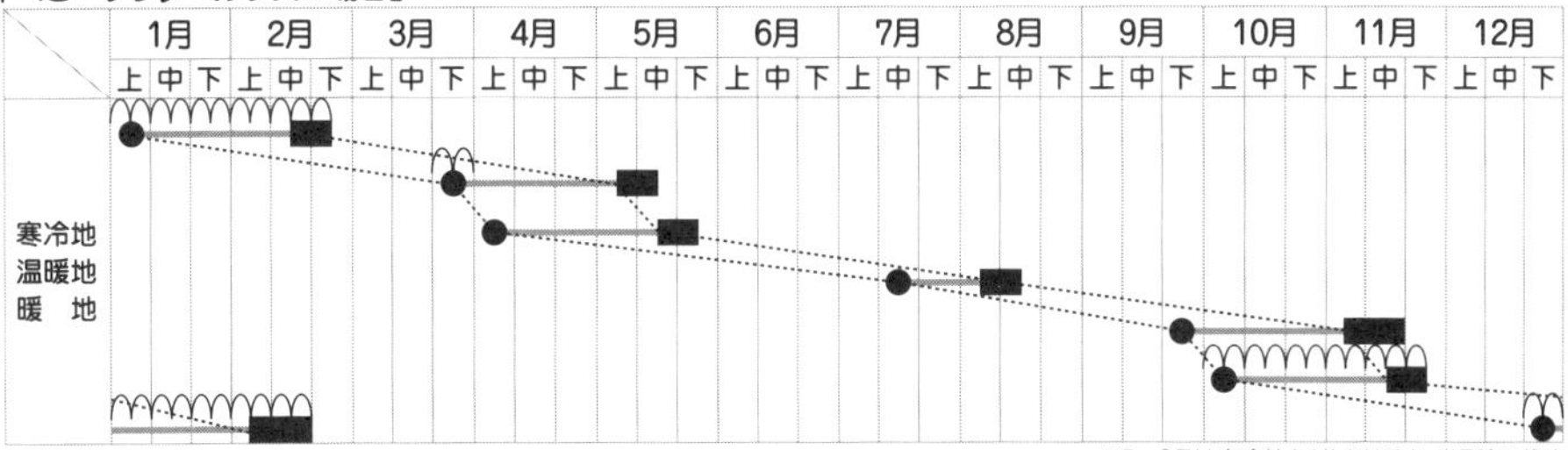

※5〜8月は寒冷紗を1枚かけるか、半日陰で栽培

ベビーレタス

難易度★☆☆

学名	*Lactuca sativa*	科名	キク科
原産地	地中海沿岸・西アジア	発芽適温	15～20℃
好・嫌光性種子	好光性	生育温度・適温	－2～23℃・15～20℃
栄養特性	ビタミンA・C・E、カルシウム、鉄を含む。同じレタスでも、リーフレタス類は、普通のレタスと比較してカロテンは約9倍、ビタミンCは約3倍、ビタミンEは約4倍含まれる。レタスに含まれるビタミンEは、熱に強くビタミンAの吸収を助ける働きがあり、腎臓や心臓の働きを正常にする。さらにレタスを切ると出てくる乳状の液体に含まれる「ラクッコピコリン」には精神安定効果がある。		
推薦品種	**「ガーデンレタスミックス」** 「レッドオーク」「グリーンオーク」「フリンジレッド」「フリンジグリーン」「コスタリカ4号」の5種類のタネがミックスされている。さまざまな葉形や赤と緑の葉色があり、見た目の美しいリーフレタス。ミックスされている品種のうち、「レッドオーク」「レッドウェーブ」「グリーンオーク」「フリンジグリーン」は暑さ、寒さに強く、食味のよいリーフレタスで、厳寒期での株張りがよく、また、赤葉の「レッドオーク」「レッドウェーブ」は、高温期の赤色の発現がよい。「コスタリカ4号」は、生育が早く、歯ざわりよく甘い。いずれの品種とも単独で用いることもできる。		
病虫害	収穫までの期間が短く、また球レタスに比べても発生する病害虫は少ないが、十分注意する。		

「ガーデンレタスミックスの場合」

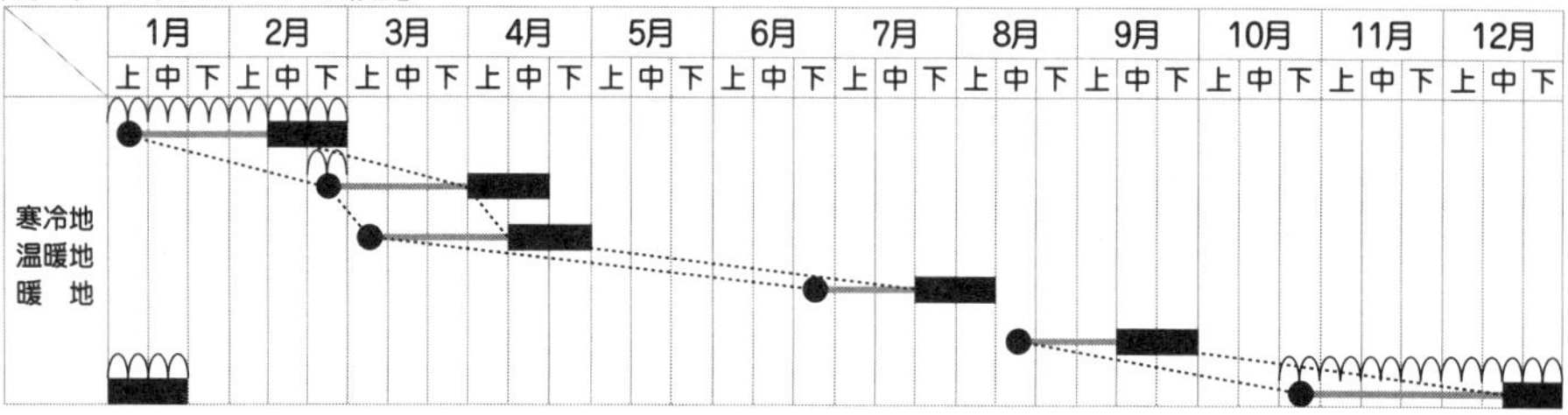

ベビールッコラ（ロケット）

難易度★☆☆

学名	*Eruca sativa*	科名	アブラナ科
原産地	地中海沿岸	発芽適温	15～20℃
好・嫌光性種子	—	生育温度・適温	0～30℃、15～20℃
栄養特性	ミネラルは、カルシウム、鉄などを多く含み、ビタミン類はカロテン、ビタミンCを特に豊富に含むが、ビタミンCの含量は同量のレモン果汁よりも多い。		
推薦品種	**「オデッセイ」** ピリッとした辛みを持ち、かむとゴマの香ばしい香りがする香味野菜。葉色は濃緑色で葉肉が厚く、欠刻深く、従来の品種よりくせがなく食べやすい。		
病虫害	コナガ、アブラムシなどの害虫は初期から徹底防除に努める。特に夏場は、これらの虫害が増えるので防虫ネットなどの資材を用いたトンネル被覆も効果がある。トンネル被覆は生育後半、遅くとも収穫10日前までには除去し、葉の色、光沢などの品質向上をはかる。		

「オデッセイの場合」

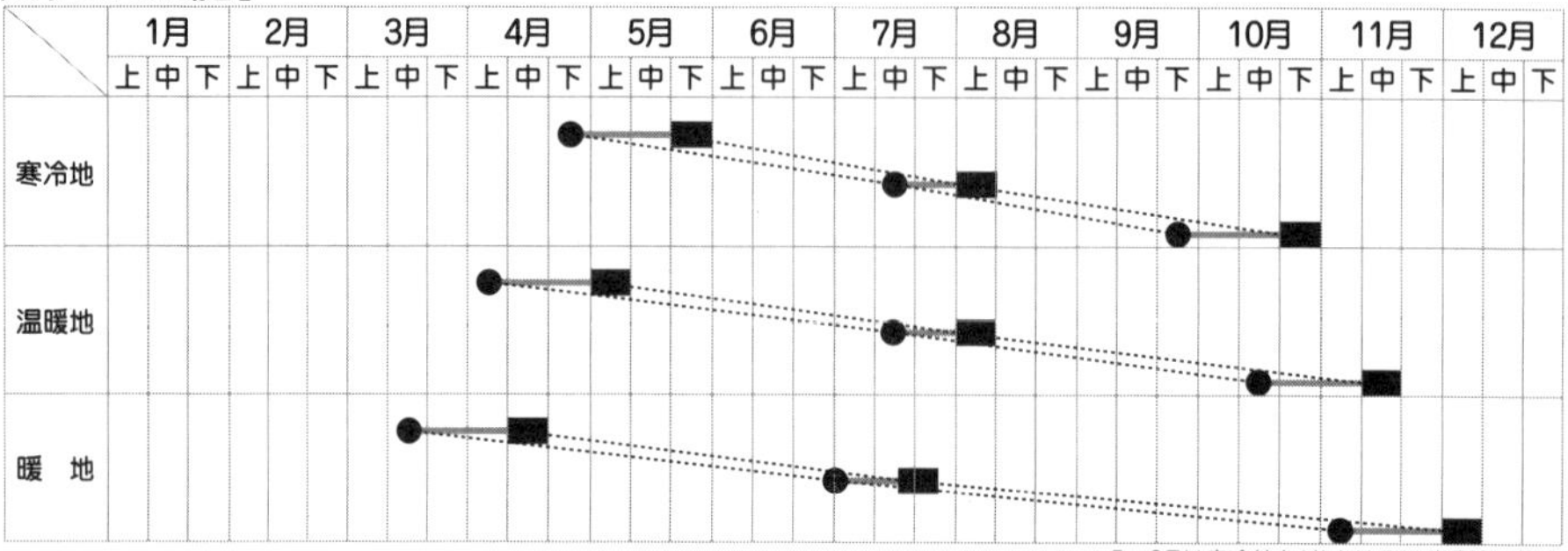

※5～6月は寒冷紗を1枚かけるか、半日陰で栽培

ベビーホウレンソウ

難易度★☆☆

学名	*Spinacia oleracea*	科名	アカザ科
原産地	西アジア	発芽適温	15〜20℃
好・嫌光性種子	好光性	生育温度・適温	−10〜25℃・15〜20℃

栄養特性	ビタミン類は、β-カロテン、B群、C、E、葉酸、Kなど、ミネラルは、鉄、亜鉛、マンガン、リン、マグネシウム、ヨード、ナトリウム、カルシウム、カリウムなどが豊富に含まれる。カロテンやビタミンC・Eは強い抗酸化作用がありガン予防に、さらに、カロテンとビタミンCは、皮膚や粘膜を強くするので冬場は積極的に摂取してかぜなどを予防したい。青もの野菜に多い葉酸がホウレンソウも同様に豊富で、多く含まれる鉄とその吸収を助けるビタミンCと造血作用に重要な働きをする葉酸のセットで貧血予防に有効なことは有名。また、葉に豊富に含まれるクロロフィルは、解毒作用がある。これらの栄養価は夕方に収穫したほうが多い。
推薦品種	**「晩抽パルク」** 抽だいの極めて遅い、病気(べと病)に強い洋種系ホウレンソウ。草姿は半立性で初期生育はやや遅く、葉は濃緑色でやや丸みを帯びている。根部の着色は洋種としてはすぐれている。 **「アクティオン」** 初夏にまいても抽だいしない極晩抽性品種で、都市部の夜間照明などによる抽だい対策にも向く。温暖地の3〜8月まきに適する。萎ちょう病やべと病にも強い。 **「アトラス」** 病気(べと病)、暑さ、寒さに強い、栽培が容易な多収品種。草姿は半立性。葉は厚みがあり、濃緑で、葉形はやや広葉で切れ込みが少ない。 **「アクティブ」** 病気(フザリウム菌による萎ちょう病、べと病)に強い、浅い欠刻のある広葉のホウレンソウ。生育は「パレード」よりやや遅く、特に低温期はじっくり生育する。抽だいは遅く、春〜夏まき栽培ができる。萎ちょう病に強い。 **「マジック」** べと病に強い、剣葉品種で、葉型は広葉で、欠刻深く、葉色濃く、葉肉も厚い多収品種。 **「アトランタ」** べと病に非常に強い、「アトラス」タイプのホウレンソウ。草姿は極立性。葉は光沢のある鮮緑色で、浅い切れ込みが入る。 **「サンライト」** べと病抵抗性のとう立ちの遅い、洋種系品種。草姿は半立性、葉は濃緑色、大葉で葉肉厚く株張りにすぐれている。 **「まほろば」** おいしいホウレンソウとして知られる「豊葉」を改良した病気(べと病)に強い、秋まき専用の多収品種。草姿は立性。葉形は「豊葉」に似るがやや広葉で濃緑。 **「パレード」** べと病、暑さに強い、栽培が容易な多収品種。草勢強く、草姿は半立性。葉形はやや広葉で切れ込みが浅い。 **「ソロモン」** 葉面の縮みが小さく株張りが良く、低温期に作りやすい晩夏〜晩秋まきの品種。
病虫害	べと病を防ぐため、有機質肥料を施し連作は避ける。また、アブラムシ、ヨトウムシなどの害虫はできるだけ発生初期に防除する。

「晩抽パルク・アトランタ・ソロモンの場合」

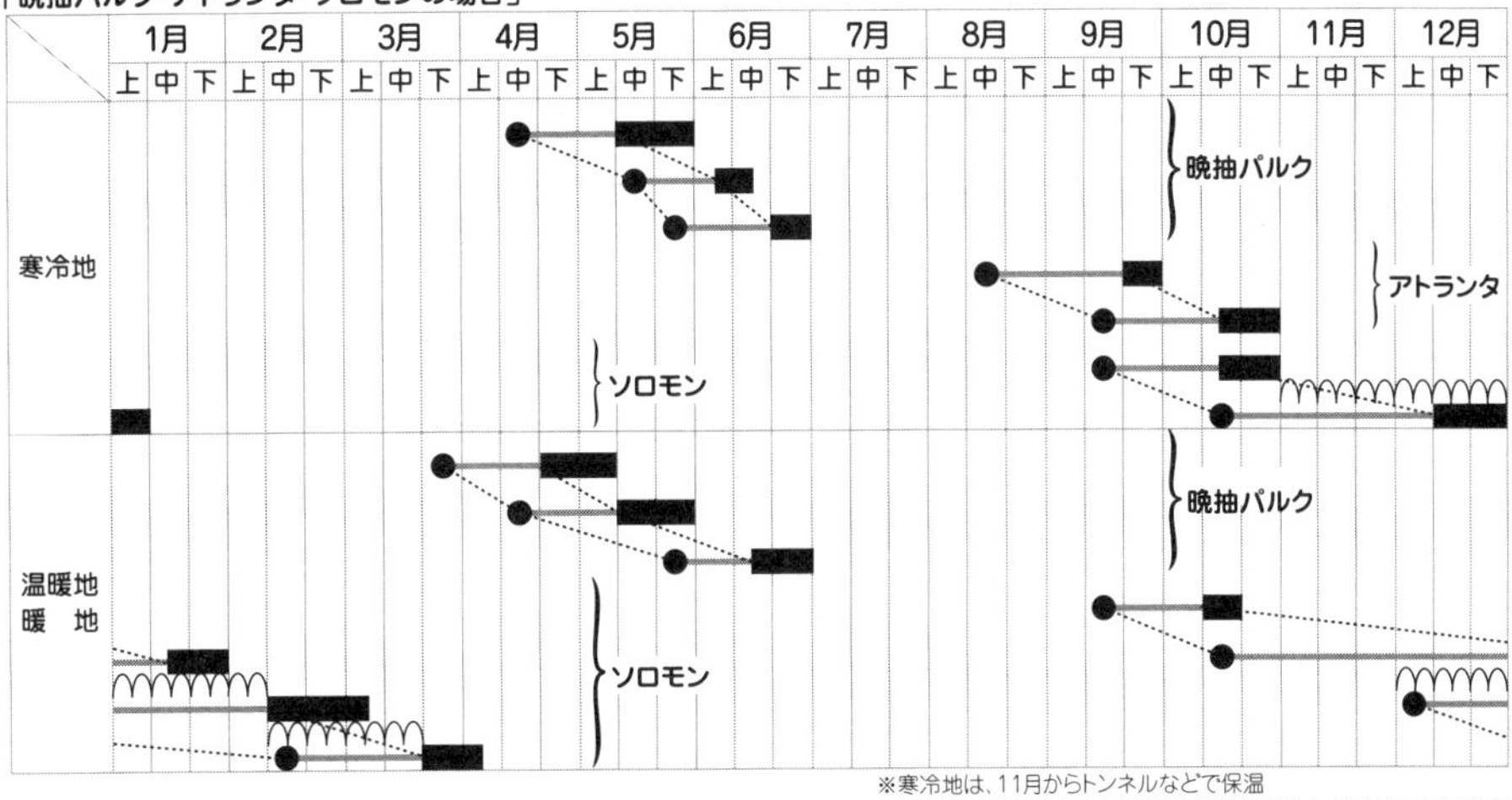

※寒冷地は、11月からトンネルなどで保温
※夏至(6/22ころ)を中心に前後20日は抽だいしやすくタネまき不適

ベビースイスチャード

難易度★☆☆

学名	*Beta vulgaris*	科名	アカザ科
原産地	地中海沿岸	発芽適温	15～25℃
好・嫌光性種子	―	生育温度・適温	0～30℃、18～22℃
栄養特性	カロテン、カルシウム、鉄を多く含み、特にビタミンB2、カリウム、鉄はコマツナなどツケナ類よりも多い。		
推薦品種	**「アイデアル」** 株ごとに赤、黄、白とそれぞれの中間色が加えられて全部で7色の色幅がある。葉の色のバラエティを生かして、ベビーリーフはサラダの材料、おひたし、あえもの、油炒めに利用できる。暑さに強く、カラフルなので観賞用として、鉢植えや花壇のふちどりにも利用できる。		
病虫害	病害虫は非常に少ないが、アブラムシ、ヨトウムシの発生はあるので、予防として防虫ネットなどで被覆栽培することにより、薬剤散布の量を減らすことができる。		

「アイデアルの場合」

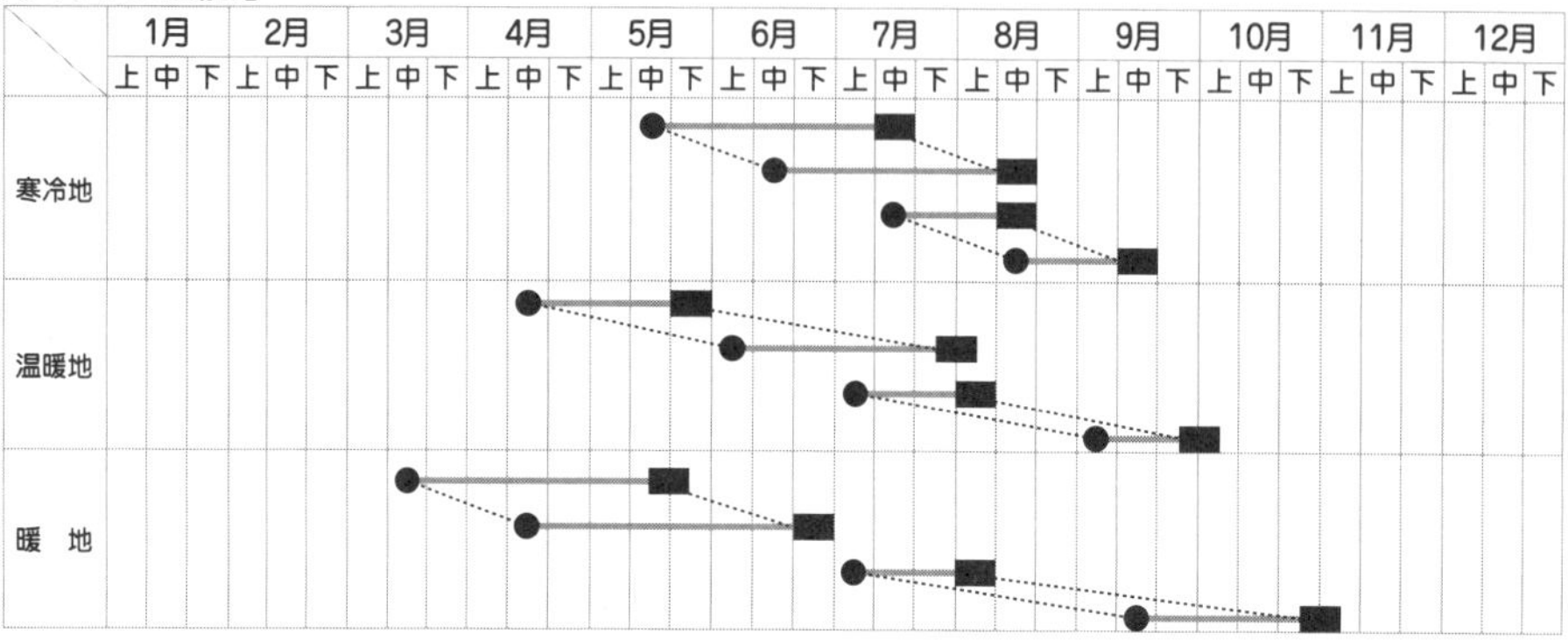

ミニ&ベビー野菜 おもなおすすめ品種 葉菜

ベビーツケナ類

「ベビーサラダミックス」

「きよすみ」

ベビーレタス

「ガーデンレタス」

ベビールッコラ

「オデッセイ」

ベビーホウレンソウ

「サンライト」

「アクティオン」

「まほろば」

ベビースイスチャード

「アイデアル」

ミニチンゲンサイ

難易度★☆☆

学名	*Brassica campestris*	科名	アブラナ科
原産地	中国	発芽適温	15〜30℃
好・嫌光性種子	好光性	生育温度・適温	3〜35℃・23〜27℃
栄養特性	ミネラルではカルシウム、カリウムなどが、ビタミン類ではビタミンAとCが豊富に含まれる。		
推薦品種	**「クーニャン」** チンゲンサイのなかで唯一のミニ品種。草丈は、10〜15cmほど。ミニ品種のため生育日数20〜30日で収穫できる。小さくても尻張りのよい品種。		
病虫害	コナガ、アブラムシ、キスジノミハムシがつくことがある。生育期間が短いため、害虫発生時期は、薬剤散布は農薬が残存する可能性があり、できるだけ防虫ネットなどを使ったトンネル被覆をおすすめする。		

「クーニャンの場合」

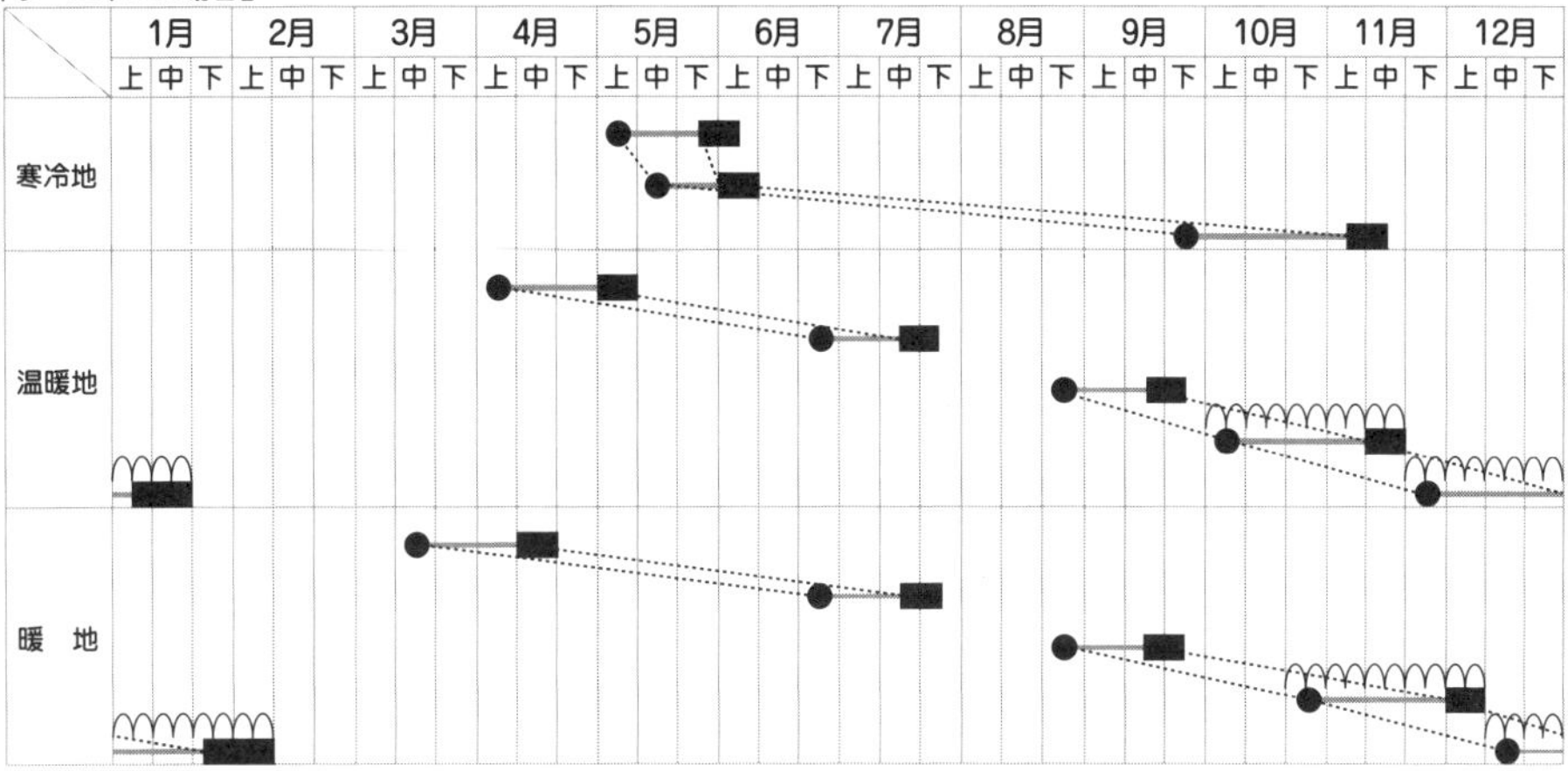

ミニチンゲンサイ

「クーニャン」

ミニタマネギ

「リトルガール」

「リトルボーイ」

メキャベツ

「ファミリーセブン」

ベビーコールラビ

「サンバード」

「パープルバード」

ミニカリフラワー

「美星」

スティックブロッコリー

「スティックセニョール」

コネギ

難易度★★☆

学名	*Allium fistulosum*	科名	ネギ科
原産地	中国西部	発芽適温	18～22℃
好・嫌光性種子	―	生育温度・適温	0～30℃・15～20℃
栄養特性	ビタミン類のカロテン、ビタミンC、ミネラルのカリウム、カルシウムの含量が多く、これらは根深ネギ（いわゆる白ネギ）よりも多い。さらに、ネギ独特の香り成分でもある硫化アリルは、血液をサラサラにする作用があり、ビタミンB_1の働きも盛んにして、血糖値を下げ、疲労回復にも有効。ただし硫化アリルは、揮発性の物質なので、加熱したり水にさらすと効果がなくなるので、ネギは薬味として生で使うか、加熱は火を落とす間際に入れるなどする。		
推薦品種	**「緑秀（りょくしゅう）」「剣舞（けんぶ）」** 暑さ、病気に強く、高温期の生育旺盛な初夏～秋どりに向くコネギ専用品種。草姿は立性で葉折れなく、濃緑色で色つやが非常によい品種。 **「九条」** 草勢強く、10～15本に分けつする多収品種。若どりすればコネギとしても利用でき、薬味に利用できる。耐寒・耐暑性に優れ、1年を通して収穫が可能である。		
病虫害	害虫は、スリップス、ハモグリバエ、アブラムシ。病気は、晩秋～初夏にさび病が、春秋にべと病が出やすい。べと病や、さび病、黒斑病、ネギアザミウマ、ネギコナガなど発生時期になったら早めに予防する。		

「九条の場合」

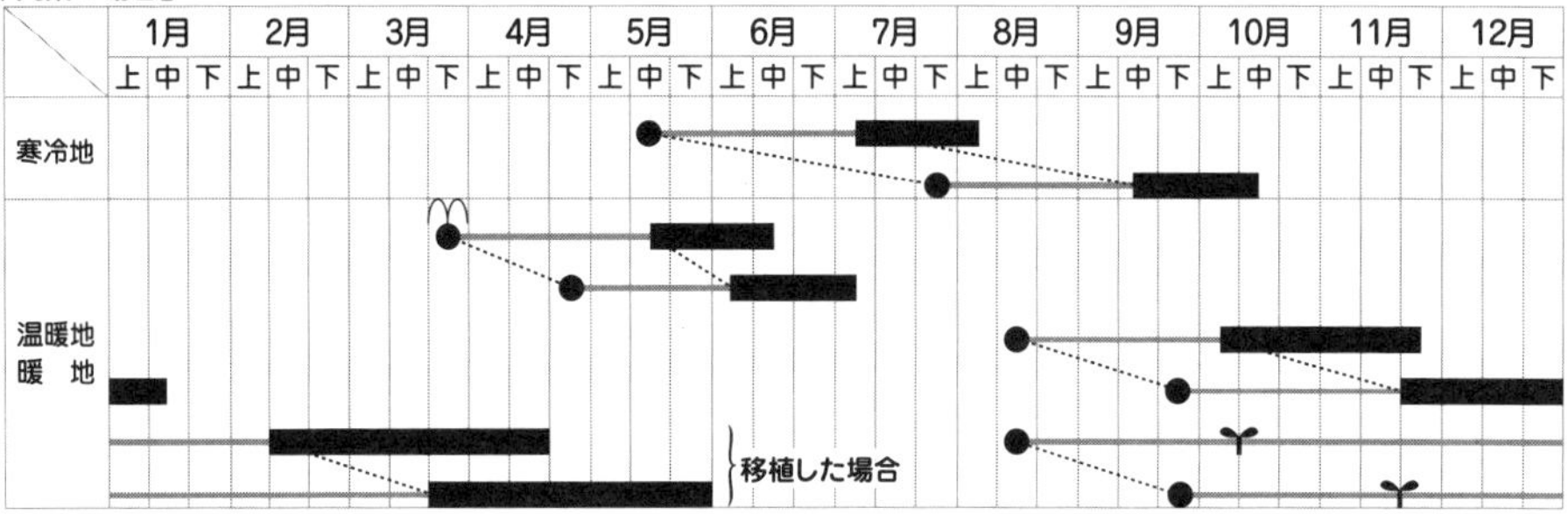

ミニタマネギ

難易度★★☆

学名	*Allium cepa*	科名	ネギ科
原産地	中央アジア	発芽適温	15～20℃
好・嫌光性種子	―	生育温度・適温	−8～25℃・15～20℃
栄養特性	ミネラルは、イオウ、リンを多く含む。イオウ化合物の硫化アリルは、血液をサラサラにする作用がある。ビタミン類は、ビタミンB_1・B_2・Cなどの含量が多く、特にビタミンCは、タマネギ中に含まれるケルセチンと共同して血管系の病気の予防や改善に効果が期待できる。ケルセチンは、タマネギの皮に含まれる黄色い色素で、強い抗酸化作用を示すポリフェノール。皮を煎じる、あるいは丸のまま煮込むことで摂取が可能になる。さらに、タマネギの香り成分のアリシンは、体内でのビタミンB_1の働きを持続させる作用があるため、エネルギー代謝が促進され疲労回復に有効である。タマネギの辛み成分の硫化プロピルは、血糖値を下げ、コレステロールや中性脂肪の減少など血液サラサラ効果がある。		
推薦品種	**「リトルガール」「リトルボーイ」** 「リトルガール」は、透きとおるような赤紫色のきれいなかわいいミニタマネギ。「リトルボーイ」は、白色の品種。いずれも密植して小球に作ると丸型で、10円玉くらいの大きさになる。辛みは少なく、丸ごとスープやシチューに用いたり、スライスしてサラダなどに利用する。 **「ベビーオニオン」** 皮が黄色い品種。まるごとピクルスなどの料理に利用するとおいしい。		
病虫害	べと病、灰色かび病とスリップス、アブラムシに注意する。		

「九条の場合」

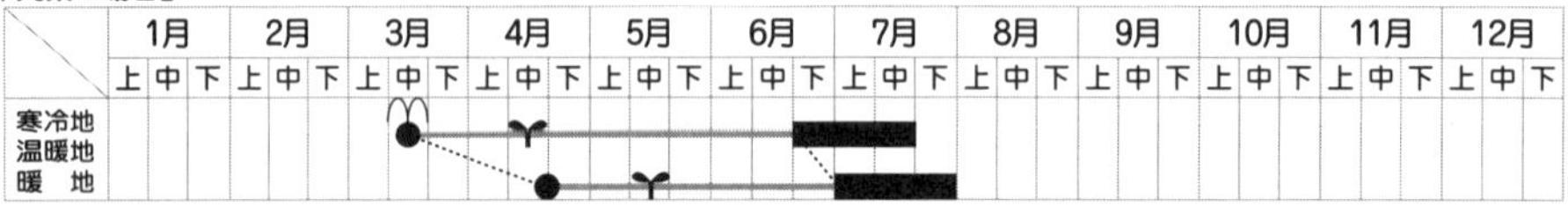

ベビーコールラビ

難易度★★★

学名	*Brassica oleracea*	科名	アブラナ科
原産地	中国	発芽適温	15～30℃
好・嫌光性種子	好光性	生育温度・適温	5～30℃・15～23℃
栄養特性	カリウム、カルシウムなどのミネラルが比較的多く含まれる。特に生のコールラビの場合、免疫力増強と抗ガン作用のあるビタミンCは、レモン果汁並みの含量がある。		
推薦品種	**「サンバード」** 草勢は強く、抽だいの遅い作りやすい早生品種。 **「パープルバード」** 草勢は強く、抽だいが遅く作りやすい紫紅色のコールラビ。		
病虫害	コナガ、アブラムシ、ヨトウムシなど病害虫は早めに防除する。育苗時のべと病、立枯れ病に注意する。		

「サンバードの場合」

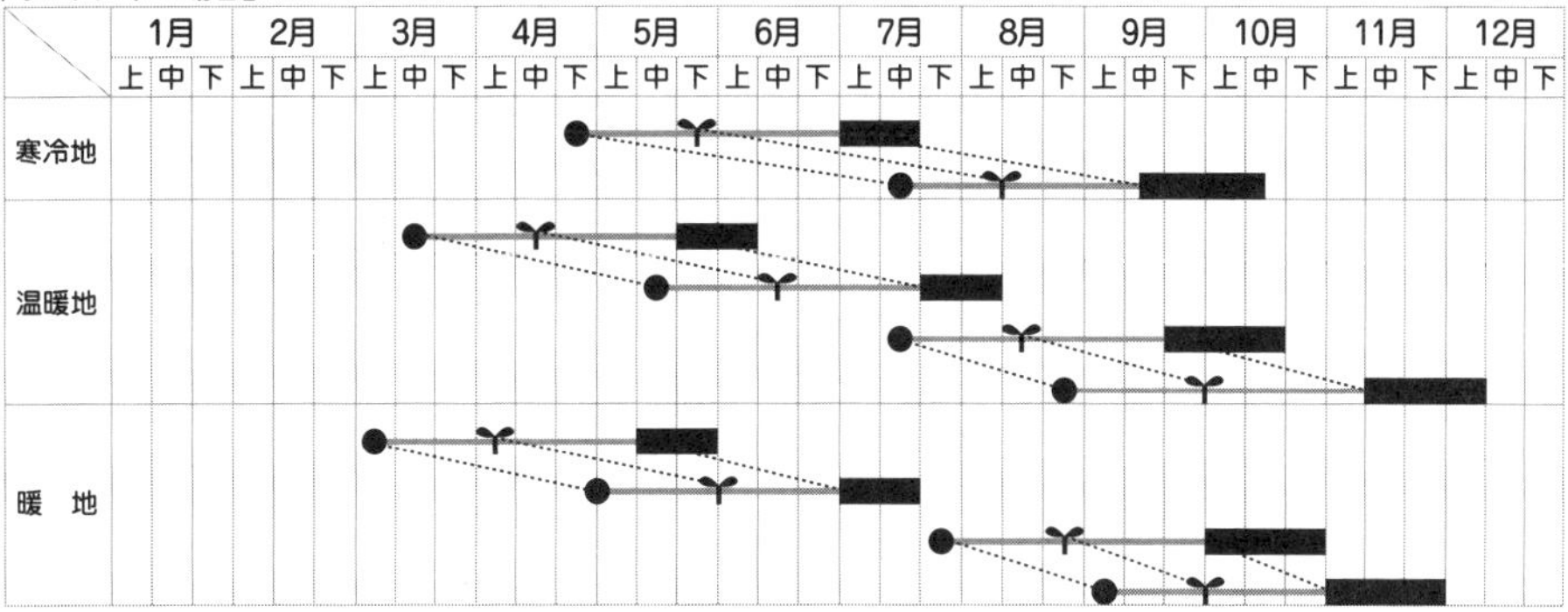

メキャベツ

難易度★★★

学名	*Brassica oleracea*	科名	アブラナ科
原産地	ヨーロッパ	発芽適温	15～30℃
好・嫌光性種子	好光性	生育温度・適温	0～25℃・15～20℃
栄養特性	ビタミン類は、ビタミンC・U・葉酸が豊富に含まれる。ビタミンUは、胃酸の分泌を抑え、胃腸の粘膜の新陳代謝を促す働きがある。さらに、ビタミンCは赤ピーマンに次ぐ多さで、レモン果汁の3倍以上にもなる。メキャベツのビタミンCは、加熱しても壊れにくく成分量が減りにくい。この点が普通のキャベツと大きく異なる点である。ミネラルは、カルシウム、ナトリウム、鉄、イオウ、塩素などを多く含む。メキャベツは、アブラナ科野菜に共通して含まれる発ガンを抑制するイソチオシアナート、発ガン物質の毒性をなくさせるインドールも含む。		
推薦品種	**「ファミリーセブン」** 生育旺盛で、栽培容易な倒伏しにくい早生品種。球の包みがよく、尻部もきれいでそろいのよいメキャベツ。 **「子持ちかんらん」** 茎の下部から豊円の小球が結球する早生品種。		
病虫害	育苗時のべと病、立枯れ病に注意する。また、コナガ、アオムシ、アブラムシなどの害虫は殺虫剤を定期的に散布し、予防、防除に努める。		

「ファミリーセブンの場合」

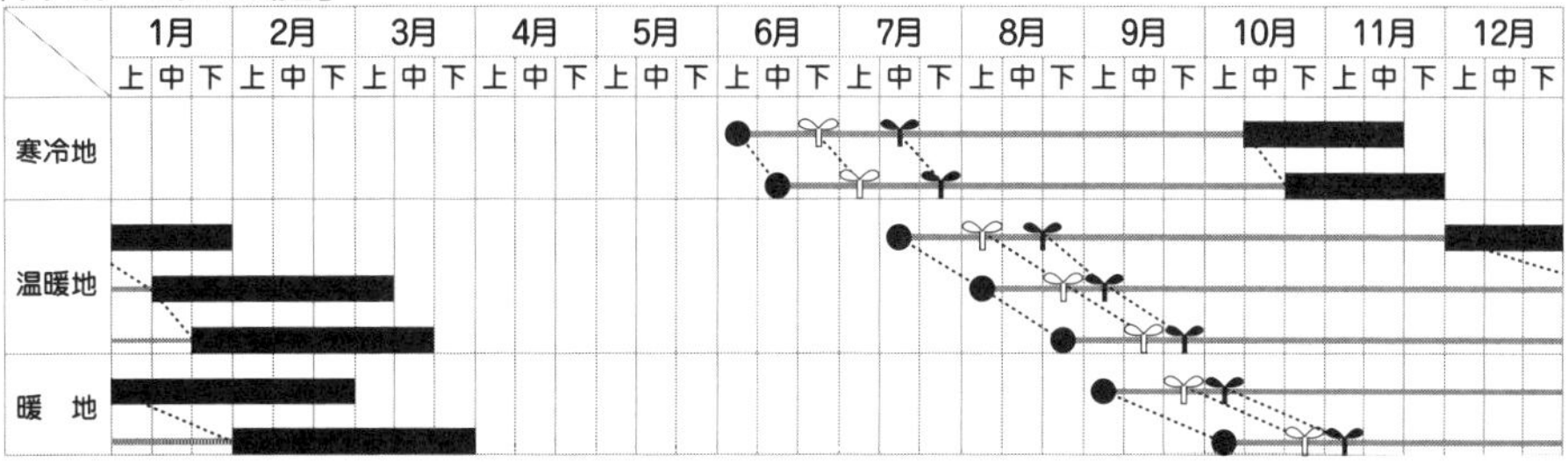

ミニカリフラワー

難易度★★★

学名	*Brassica oleracea*	科名	アブラナ科
原産地	地中海沿岸地方	発芽適温	15～30℃
好・嫌光性種子	好光性	生育温度・適温	0～30℃・昼温20～25℃夜温10～18℃
栄養特性	ミネラルではカリウムの含量が多く、ビタミンは、同じ重さのレモン果汁よりもビタミンC含量が多い。カリフラワーは、ゆでてもビタミンCの損失が元来少ないが、ミニならまるのままゆでられるので、風味も含めさらに損なわれにくく優れている。アブラナ科野菜に共通して含まれる発ガンを抑制するイソチオシアナートのほか、ガン予防と抗ガン作用のあるステロールが含まれる。特に、カリフラワーのみに含まれるイオウ化合物としてメチルメサネサイオスルホネートにはガン細胞増殖を抑える効果があり注目されている。		
推薦品種	**「美星（みせい）」** カリフラワーの中で唯一のミニ品種。草姿がコンパクトで、密植栽培に向き、使いきりサイズでの収穫が可能。細胞が緻密で、食感は既存のカリフラワーにないジューシーな味わいが特徴。花蕾の大きさが少し大きくなっても収穫ができる。		
病虫害	育苗時の病気は、立枯病、べと病が主。畑に定植した後は黒腐病、黒斑病、などが発生しやすいので殺菌剤を散布し予防に努める。害虫はコナガ、ヨトウムシが多いので、春まきなど害虫が発生しやすい時期の栽培では定期的に殺虫剤を散布する。		

「美星の場合」

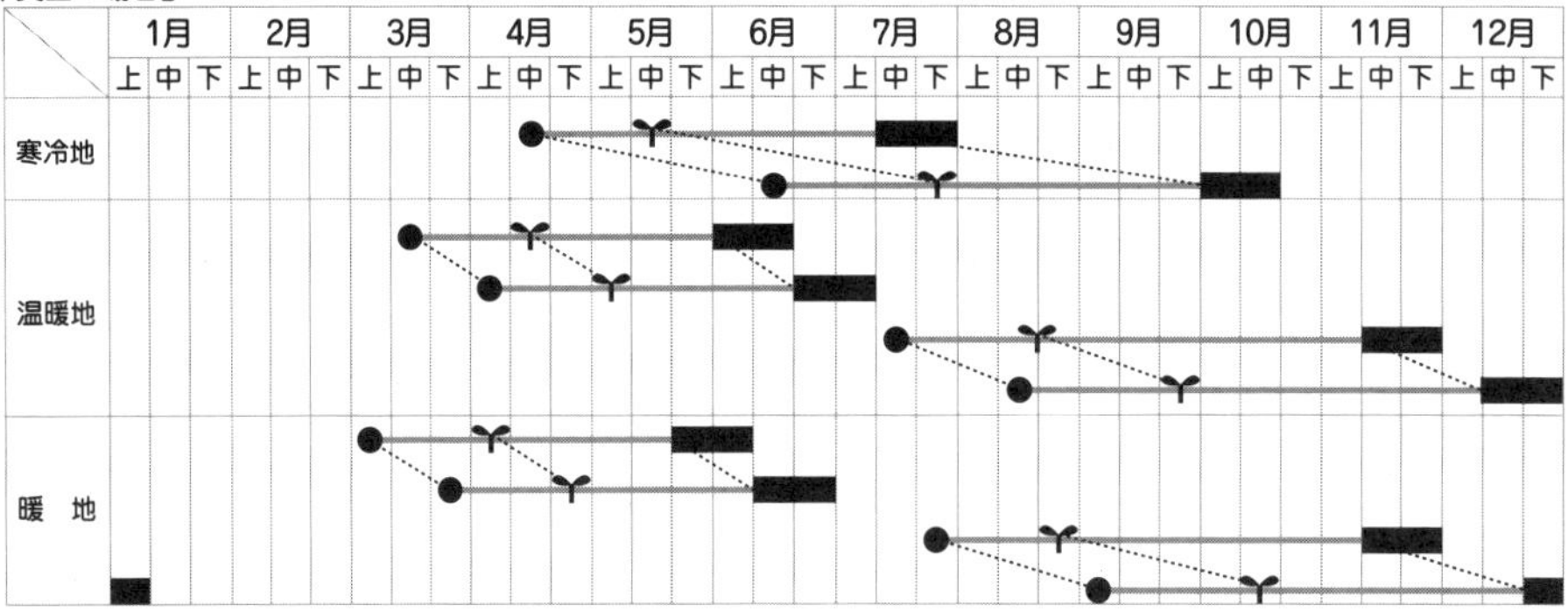

スティックブロッコリー

難易度★★★

学名	*Brassica oleracea*	科名	アブラナ科
原産地	日本	発芽適温	20～30℃
好・嫌光性種子	好光性	生育温度・適温	0～35℃・15～20℃
栄養特性	緑黄色野菜でビタミンAやCの含量が特に高い。ビタミンAは、カロテン、レチノール当量共にブロッコリーの約1.7倍、ビタミンCはレモン果汁の約1.8倍含まれる。また、アブラナ科野菜に共通して含まれる発ガンを抑制するイソチオシアナートなどの効果も期待できる。		
推薦品種	**「スティックセニョール」** タネまき後60～90日で収穫できる、スティックブロッコリー。春から夏まで続けてタネまきができ、長期間収穫ができる。頂花蕾収穫後、10～15本細く長い小型側花蕾（腋芽）を収穫できる。		
病虫害	育苗時の病気は、立枯病、べと病が主。畑に定植した後は黒腐病、黒斑病、軟腐病が雨の多い年などに発生しやすいので殺菌剤を散布し予防に努める。春まきは、コナガ、ヨトウムシ、アオムシなどの害虫が多いので、定期的に殺虫剤を散布する。		

「スティックセニョールの場合」

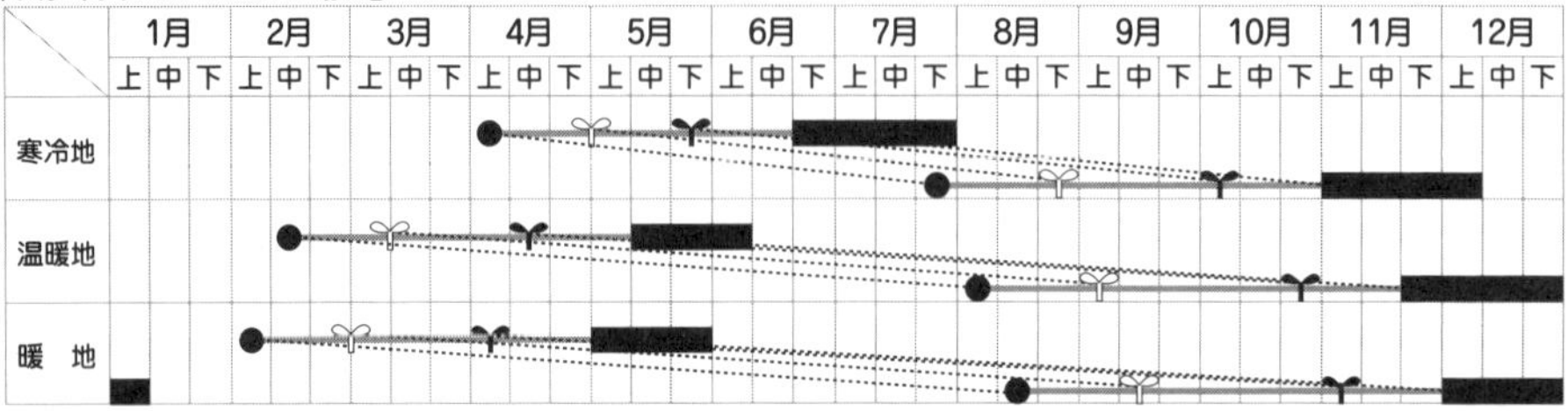

根菜類
Root vegetables

ラディッシュ（ハツカダイコン）

難易度★☆☆

学名	*Raphanus sativus*	科名	アブラナ科
原産地	地中海沿岸・華南高地・中央アジアなど諸説あり	発芽適温	15～30℃
好・嫌光性種子	嫌光性	生育温度・適温	0～25℃・17～20℃
栄養特性	ミニダイコンと同じ		
推薦品種	**「コメット」**根部は赤くて球形。 **「さくらんぼ」**コメットよりも数日早生。根部が赤くて球形。 **「カラフルファイブ」** 根色が白、ピンク、赤、うす桃紫、紫などが混ざったカラフルな5色の球形品種。食味にすぐれ、煮物、浅漬けに適している。 **「紅白」** 根部の上が赤、下が白の砲弾型の品種。根部は紡錘形から枕型で長さ4cm、太さ1.5cm位になり、鮮やかな濃桃赤色の根の端1/3～1/4が白くなる。品質よく食味にすぐれ、サラダ、浅漬けに適す。 **「紅娘」**根部の上2/3が赤、下が白の球形の品種。 **「レッドチャイム」**F_1品種で草勢が強く、そろいがよく大玉でも裂根しにくい球形の品種。根色は濃い赤色で、洗った後も色落ちしにくい。ス入りが非常に遅く、根茎2cmまでスが入りにくい。 **「ホワイトチェリッシュ」**根部が白くて球形。 **「雪小町」** 長さ10cmのまさにミニダイコンスタイルのラディッシュ。透きとおるような白色で長さ8～10cm、太さ1.5cm位のス入りの遅い品種。やわらかくて食味にすぐれ、サラダや浅漬けに適している。		
病虫害	アブラムシが付きやすいので初期から防虫ネットで覆うとよい。		

「レッドチャイムの場合」

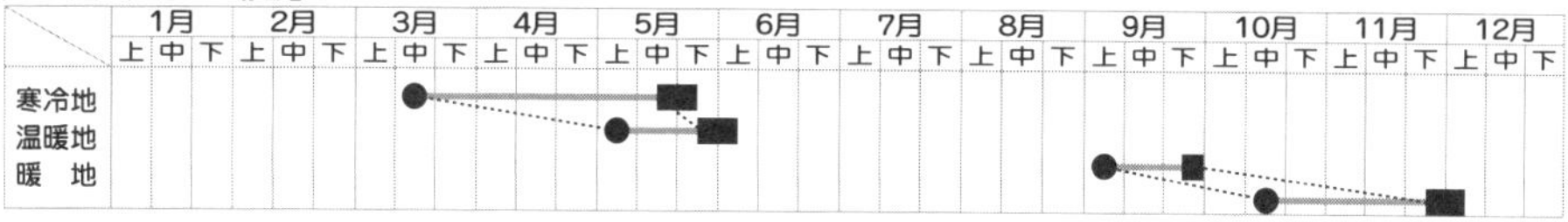

コカブ

難易度★☆☆

学名	*Brassica campestris*	科名	アブラナ科
原産地	アフガニスタン、ヨーロッパ南部・西部	発芽適温	20～25℃
好・嫌光性種子	好光性	生育温度・適温	0～25℃・15～20℃
栄養特性	淡色野菜で根部にはジアスターゼなどの消化酵素が、葉の部分は、緑黄色野菜でA・B_1・B_2・Cなどのビタミン類と、カルシウム・カリウム・鉄などのミネラルが豊富に含まれる。さらに、アブラナ科野菜に共通して含まれるイオウ化合物の発ガン抑制効果も期待できる。ぬか漬けは、生の状態よりもミネラルやビタミン類の含量が増加し、根部のビタミンB_1は、生の約8倍にもなる。また、根には発ガンを抑制するイソチオシアナート、発ガン物質の毒性をなくさせるインドール、葉にはやはり発ガン物質の毒性をなくさせるグルコシノレイトを含む。		
推薦品種	**「たかね」**夏まき栽培に適した、早太りで、そろいがよい極早生品種。 **「たかふじ」** 玉は形のよい腰高で純白色、根の肥大は若干遅いが、尻のまとまりのよい早生品種。ス入りや変形がなく、低温期の栽培でも、かなり大玉にしても裂根が非常に少ないコカブ。 **「みやしろ」** 病気（根こぶ病）に強い早生品種。根形はやや腰高、色は光沢のある純白で、肉質は緻密で食味にすぐれている。		
病虫害	コナガ、アブラムシなどの害虫予防には透光率の高い被覆資材を用いたトンネル栽培が効果あり。病気はべと病、白斑病などが発生することがある。		

「みやしろの場合」

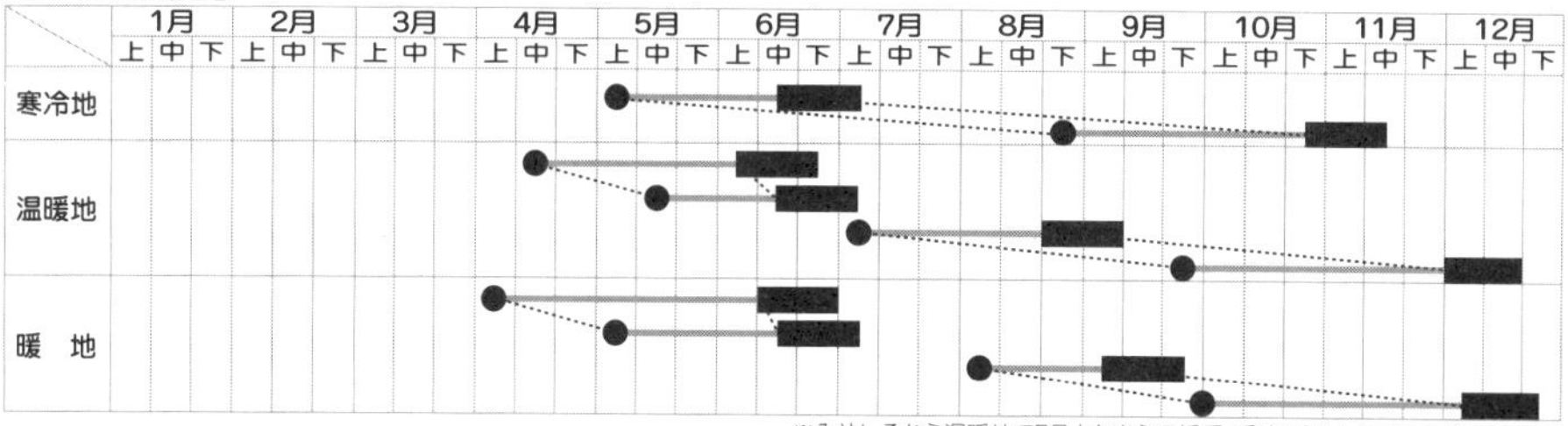

※みやしろなら温暖地で7月上旬からの播種、暖地で8月上旬からの播種ができる

ミニニンジン

難易度★★★

学名	*Daucus carota*	科名	セリ科
原産地	中央アジア	発芽適温	15〜25℃
好・嫌光性種子	—	生育温度・適温	3〜28℃・18〜21℃
栄養特性	ミネラルは、イオウ・リン・カルシウムを多く含み、特にビタミン類では、免疫増強に効果のあるビタミンAの中のβ-カロテンは野菜の中でもトップクラスの含量をほこる。		
推薦品種	**「ベビーキャロット」** ソーセージ型のニンジン。70〜100日程度で収穫できる。 **「メヌエット」** ゴルフボール大の球形ニンジン。70〜100日程度で収穫できる。		
病虫害	ニンジンの初期生育は弱いため、立枯れ病やネキリムシ、ヨトウムシなどの害虫に注意する。生育中期以降の黒葉枯病、うどんこ病などの病気やアブラムシ、キアゲハの幼虫などの害虫については予防のため早めの薬剤散布を心がける。		

「メヌエットの場合」

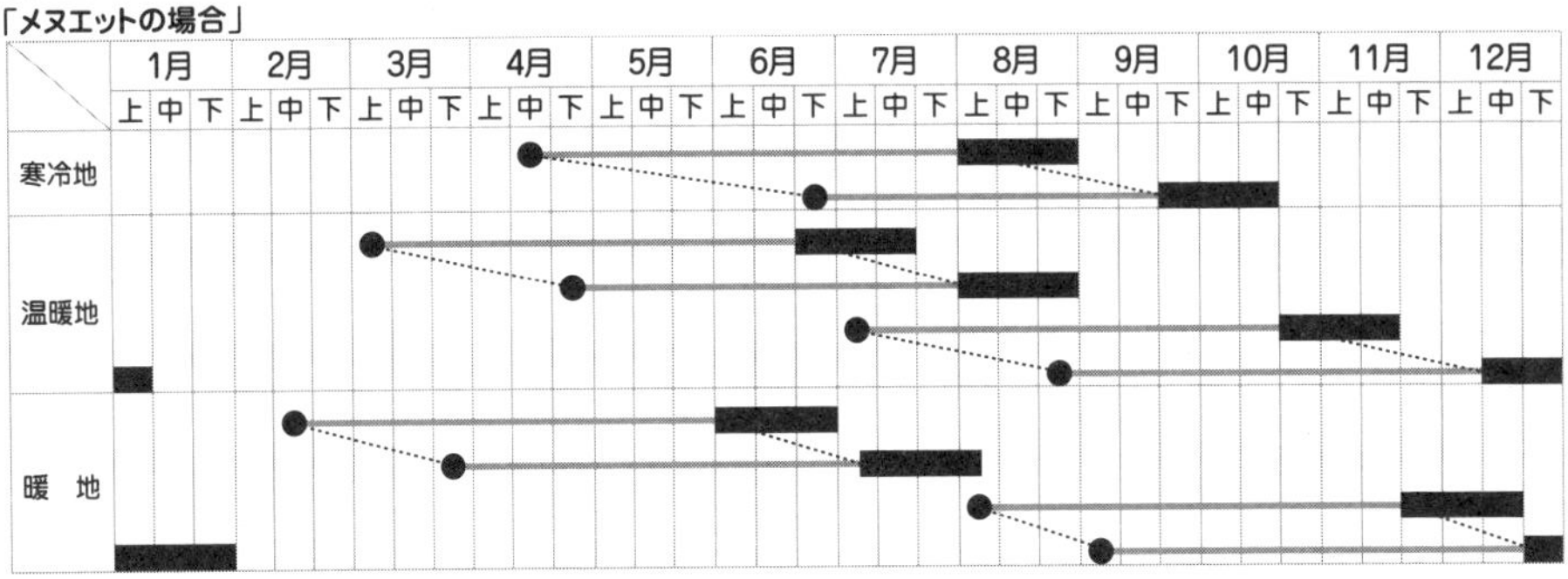

ミニ&ベビー野菜 おもなおすすめ品種 根菜

ラディッシュ

「コメット」

「カラフルファイブ」

「紅白」

ラディッシュ

「紅娘」

「ホワイトチェリッシュ」

コカブ

「たかふじ」

ミニダイコン

難易度★★

学名	*Raphanus sativus*	科名	アブラナ科
原産地	地中海沿岸・華南高地・中央アジアなど諸説あり	発芽適温	15〜30℃
好・嫌光性種子	嫌光性	生育温度・適温	0〜25℃・17〜20℃
栄養特性	根には消化酵素のジアスターゼが含まれ、消化促進だけでなく、辛み成分で抗酸化物質のメチルメルカプタンやイソチオシアネートとともにガン予防も期待できる。また、葉にはカロチン、ビタミンCやE、それにカルシウムなどが豊富である。葉と根の両方を利用することでダイコンの持つ機能性を余すことなく使いたい。		
推薦品種	**「ころ愛」** 根長22〜25cm、根径7cmの食べきりサイズ。小葉で密植が可能。ス入りが遅く、肉質は緻密で、抽だいが遅い。秋まきだけでなく、春まきもでき、タネまき後40〜60日で収穫できる。 **「おこのみ」** タネまき後約60〜65日くらいで収穫できる肉質の緻密な短太型青首ダイコン。キムチ漬け、薄くスライスしての浅漬けに最適。 **「雪美人」** 辛みと甘みをもつ、食味のよい極早生ミニダイコン。タネまき後、夏まきは35日、春秋まきは40〜45日で収穫できる。辛みは根の下半分に多く、皮の部分で強くなる。高温、乾燥下で栽培すると辛味が強くなる。		
病虫害	アブラムシが付きやすいので初期から防虫ネットで覆うとよい。		

「ころ愛の場合」

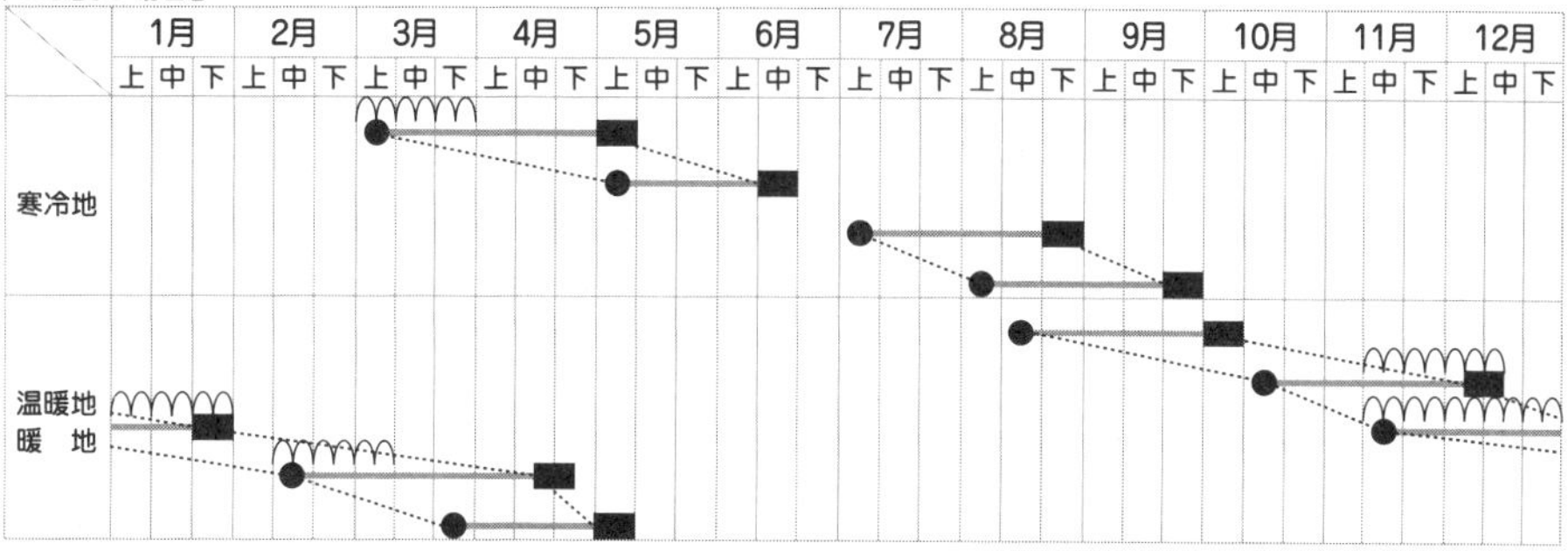

コカブ

「みやしろ」

ミニニンジン

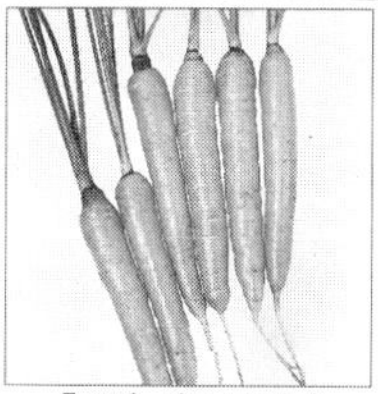
「ベビーキャロット」

「メヌエット」

ミニダイコン

「ころ愛」

「おこのみ」

「雪美人」

果菜類
Fruit vegetables

ミニトマト

難易度★★★

学名	*Lycopersicon esculentum*	科名	ナス科
原産地	南アメリカ	発芽適温	27～30℃
好・嫌光性種子	―	生育温度・適温	5～40℃・昼温23～28℃夜温10～18℃
栄養特性	ミニトマトの栄養価は、ほとんどの成分が大玉トマトを上回り、特にビタミンCやE、カロチン、カリウムは豊富に含まれる。成分の中でもトマトの赤い色素のリコピンは、βカロチンの2倍の抗酸化力があることから注目されているが、品種によってはリコピン含量が特に多い品種などもある。また、豊富に含まれるうまみ成分のグルタミン酸には健脳効果も期待できる。		
推薦品種	**「ミニキャロル」**TMV(トマトモザイクウイルス)・萎ちょう病・斑点病・サツマイモネコブセンチュウに強く、着果性がよく、高糖度な濃赤色の極早生品種。 **「アイコ」**プラム型のミニトマトで、葉カビ病・萎ちょう病・TMVなどに抵抗性で、リコピンなどの栄養価が高い人気品種。 **「オレンジキャロル」**病気(TMV、萎ちょう病、斑点病、根腐れ萎ちょう病)に強い、オレンジ色の極早生品種。甘みが強く、独特の風味をもち食味がすぐれている。またβ-カロチンが普通の赤玉品種の5倍以上含まれ、栄養的にもすぐれている。 **「イエローキャロル」**病気(TMV、萎ちょう病、斑点病)に強い極早生の黄色のミニトマト。鮮黄色で照りがあり、着色が進むとやや橙色になる。従来の黄色ミニトマトに比べると、非常に高糖度でトマトの香りが強く食味が非常にすぐれている。 **「チェルシーミニ」**病気(TMV、萎ちょう病、斑点病、サツマイモネコブセンチュウ)に強い早生品種。着花性よく、果色が赤色、果肉が厚く、裂果に強い、糖度が高く食味にすぐれたミニトマト。 **「キャロルセブン」**病気(TMV、萎ちょう病、サツマイモネコブセンチュウ、斑点病、青枯病、半身萎ちょう病)に強く、着果性にすぐれ、房の先端まで着色しても裂果、落果することなく「房どり」も可能な、収穫幅が広い、ミニトマト。果色は光沢のある鮮紅色、甘みが強く、果皮はやわらかく食味がすぐれている。		
病虫害	病気にはいずれも強いが、できるだけ連作は避け、新しい土を使うようにする。高温期はアブラムシ、アザミウマが発生するので防除に努める。		

「アイコの場合」

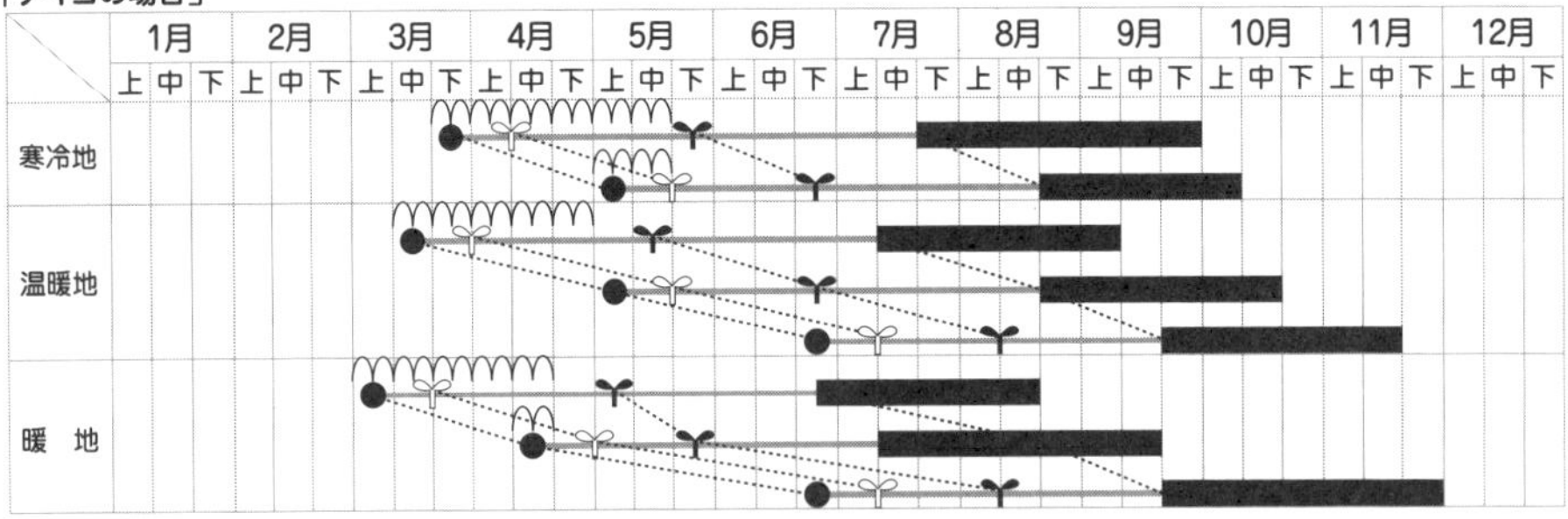

ミニ&ベビー野菜 おもなおすすめ品種 果菜・マメ類

ミニトマト

「キャロル7」

「オレンジキャロル」

「イエローキャロル」

ミニメロン

「プリンス」

フルーツパプリカ

難易度★★★

学名	*Capsicum annuum* L.	科名	ナス科
原産地	熱帯アメリカ原産	発芽適温	20～30℃
好・嫌光性種子	―	生育温度・適温	18～32℃・昼温28～30℃夜温23℃
栄養特性	フルーツパプリカの栄養価は、ずばぬけていて、ビタミンCはレモン果汁の約3倍、「レッド」「オレンジ」「ゴールド」のいずれもが野菜の中ではトップクラスだ。特に「セニョリータレッド」のカロテンは、ニンジンのそれに匹敵する。糖度も高く、完熟果ならスイカ並みに甘くなる。また、ピーマン類にはピーマン特有の青臭さの成分でもあるピラジンという物質が含まれるが、この物質には血が固まるのを防ぐ作用があり、血液サラサラのためにぜひ積極的に摂取したい野菜である。		
推薦品種	**「セニョリータ」シリーズ** 極早生、多収で作りやすく、果ぞろいがよく、果実は果高約4cm×肩幅約5cmで1果重50～60g程度のトマトのような形をしたミニパプリカ。開花後約40～45日(夏期)で熟果が収穫でき、ジューシーでさわやかな甘みがある。熟した果実が、赤色の「セニョリータレッド」、黄色の「セニョリータゴールド」、オレンジ色の「セニョリータオレンジ」がある。		
病虫害	疫病、苗立枯病、ハダニ類、スリップスなど。		

「セニョリータの場合」

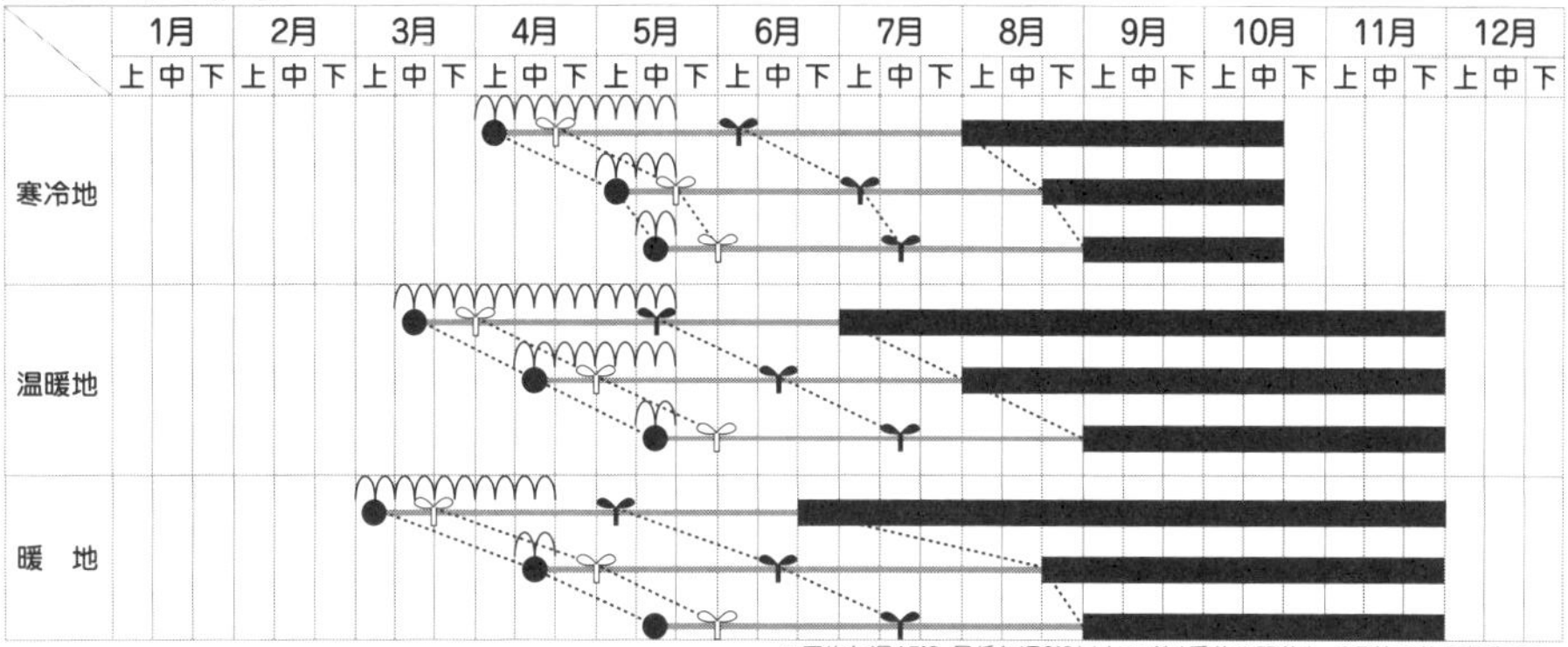

※平均気温15℃、最低気温9℃以上で、第1番花の開花1～2日前の苗を定植する。

ミニカボチャ

「栗坊」

「プッチィーニ」

コナス

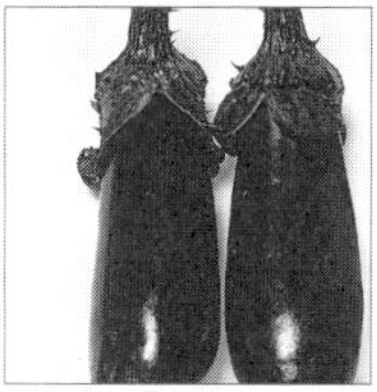

「天命」

「うす皮味丸」

ミニスイカ

「紅こだま」

「ミゼット」

ミニ&ベビーキュウリ

「リル」

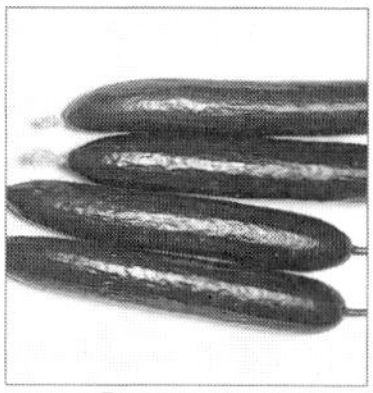

「フリーダム」

コナス

難易度★★★

学名	*Solanum melongena*	科名	ナス科
原産地	インド	発芽適温	昼間30℃夜温20℃（変温）
好・嫌光性種子	―	生育温度・適温	15～40℃・17～25℃（果実の肥大には22～26℃）
栄養特性	ナスは、体を冷やす効果があるため、冷え性の人などはショウガや味噌など体を温める食材と一緒に食べるとよい。ビタミン類はC・Pが含まれ、血管をしなやかにする効果が期待でる。果皮の色素のナスニンは、強い抗ガン作用があり、加熱してもその効果が低下しにくい特長がある。このナスニンは、ぬか漬にするとき、鉄くぎなどを入れると色素が固定されより多くのナスニンを摂取できる。また、ナスに含まれるコリンにはコレステロール値を下げる効果がある。		
推薦品種	**「味ナス」**草勢が強く、高温乾燥にも強い早生、多収の品種。果実は濃鮮紫色で光沢があり、皮はやわらかく、品質、味ともにすぐれている。 **「天命」**一般的なナスの形のいわゆる中長ナスのミニ品種 。 **「うす皮味丸」**球形の丸ナスのミニ品種。薄皮で味も、色つきもよい豊産品種で、果皮、果肉ともにやわらかい。 **「でわこなす」**球形の丸ナスのミニ品種。一般の中長ナスより弾力があり、こうじ漬などの漬物に適する。		
病虫害	青枯病、半身萎ちょう病などの病気は接木をして回避する。また、疫病、うどんこ病などが発生することがあるので殺菌剤を散布して防除する。害虫はアブラムシ、ハダニ類などが発生することがあるので早めに防除する。		

「味ナスの場合」

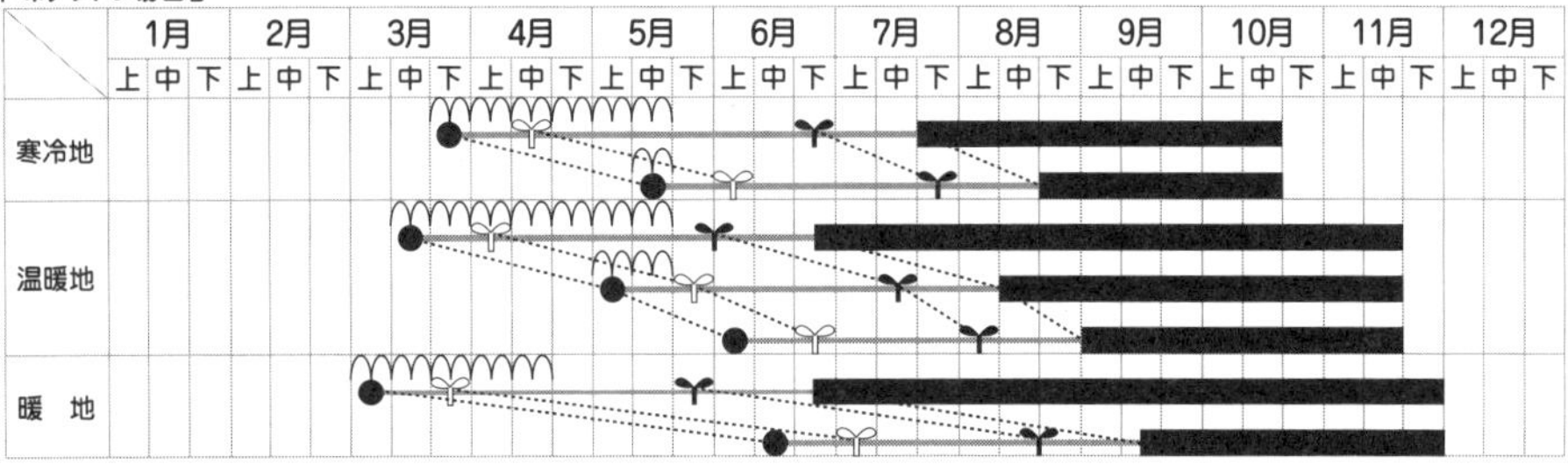

ミニ＆ベビーキュウリ

難易度★★

学名	*Cucumis sativus*	科名	ウリ科
原産地	インド（ヒマラヤ山麓）	発芽適温	25～30℃
好・嫌光性種子	―	生育温度・適温	7～35℃・昼温25～28℃夜温17～20℃
栄養特性	ミネラルはカリウムや皮膚などに必要なケイ素、ビタミン類は、ビタミンCが比較的豊富に含まれるがそれ以外の栄養分はあまり期待できない。カリウムとイソクエルシトリンは利尿作用が強い。		
推薦品種	**「リル」**果長は12～15cm(20～40g) 。 **「サラ」**果長は12～13cm(20～30g)で果ぞろいがよいミニキュウリ。果色は濃緑色で、光沢があり食味もすぐれる。 **「フリーダム」**うどんこ病に対し強い耐病性を持ち、べと病にも強い、豊産性のイボなしキュウリ。ベビーで収穫することができる。		
病虫害	病害はべと病、褐斑病、うどんこ病など、虫害はアブラムシなどが発生するので予防もかねて、定期的な薬剤散布を行うようにするが、耐病性品種を用いるとよい。		

「サラの場合」

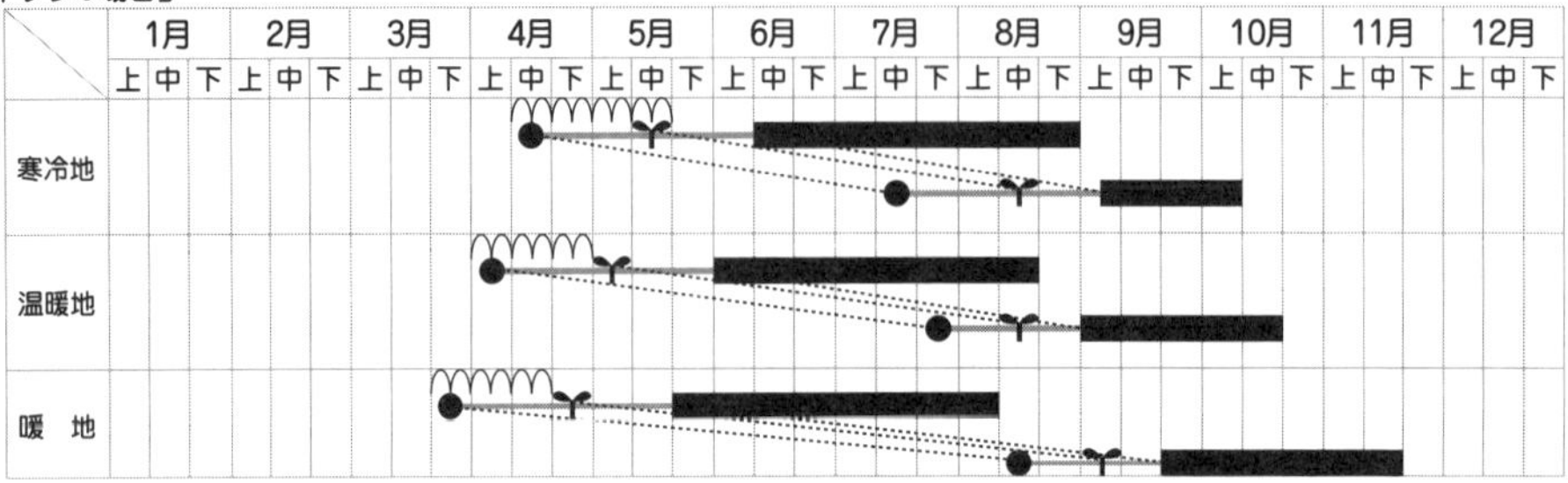

ミニカボチャ

難易度★★☆

学名	*Cucurbita maxima*	**科名**	ウリ科
原産地	南アメリカ	**発芽適温**	25～30℃
好・嫌光性種子	―	**生育温度・適温**	8～23℃・昼温20～23℃夜温10～15℃(セイヨウカボチャ)
栄養特性	ミネラルはカリウムが、ビタミン類は、A・C・Eが多く含まれる。黄色の果肉およびわた部分にはカロテンが豊富に含まれ、特にビタミンEは、うなぎの蒲焼並みで野菜の中ではトップクラス。		
推薦品種	**「栗坊」**果実は500～600g前後の偏円型、肉質は極粉質で甘みは強く、食味のよいミニカボチャ。食べ方は従来の煮物に加え、種子をくり抜いて詰め物料理やレンジで10分前後加熱しただけでもおいしく食べられる。 **「プッチィーニ」**果実は200～300g、淡い黄橙色の地にオレンジ色の縦縞模様が入るミニカボチャ。電子レンジで5～10分程度加熱するだけで食べられる。肉質は粉質となって独特の甘みがある。雌花率が高く、1つるに3～4果連続着果する。日もちがよく、飾りカボチャとしてハロウィン時期にはおなじみの品種。		
病虫害	うどんこ病、疫病など、虫害はアブラムシ、スリップス、ハモグリバエなどが発生するので、薬剤散布で防除する。また、果実の肥大時に雨の多い場合や、排水の悪い場所での栽培では、果実の接地面から疫病などの腐敗菌が入ることがあるので、排水対策や果実マットの使用で予防に努める。		

「栗坊の場合」

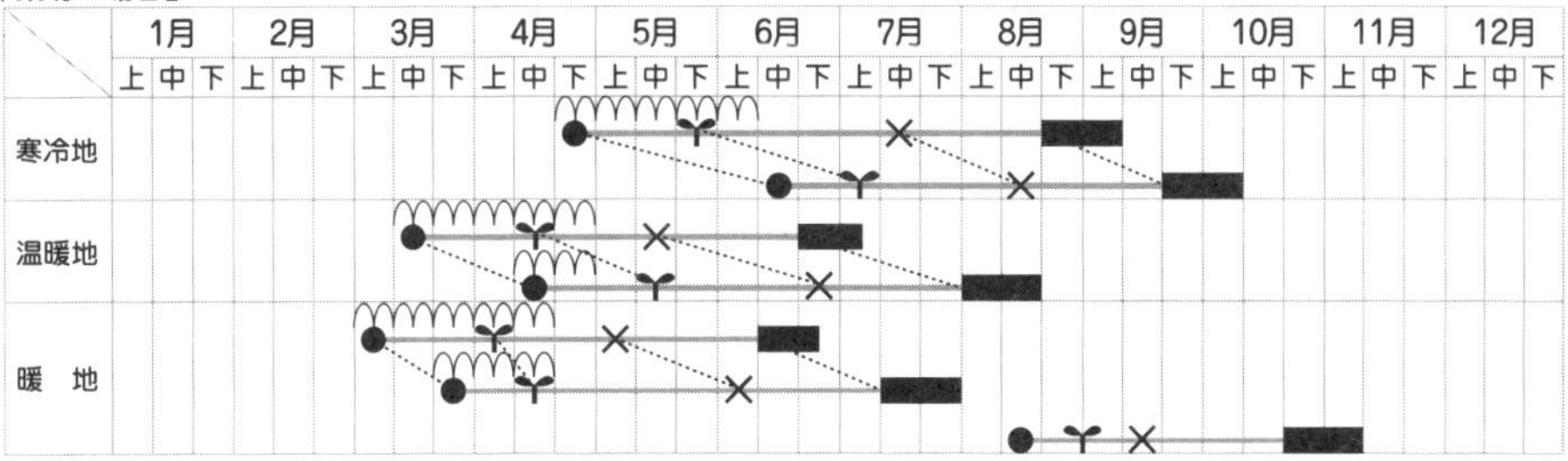

ミニメロン

難易度★★★

学名	*Cucumis melo*	**科名**	ウリ科
原産地	温室・ハウス型メロンは中近東・中央アジア、マクワ型メロンは中国	**発芽適温**	25～30℃
好・嫌光性種子	―	**生育温度・適温**	15～30℃・昼温20～25℃夜温18～20℃ (果実の肥大には昼温25～30℃夜温15～17℃)
栄養特性	ミネラルはカリウム、ビタミン類は、カロテン、ビタミンB_1・B_2・Cが比較的豊富に含まれる。カリウムとシトリンは尿を作る成分で利尿作用が強い。90%以上は水分。		
推薦品種	**「プリンス」**プリンスメロンは、マクワウリと露地メロンの交配種。昭和37(1962)年発売のマクワ型露地メロンの代表品種。果実は500～600gで甘みが特に強く、芳香がある。 **「プリンスPF」**プリンスメロンのうどんこ病、つる割病抵抗性品種で、果実は「プリンス」よりもやや大型。		
病虫害	害虫はアブラムシ、ハダニ類など、病害はうどんこ病、べと病などの被害があるのでそれぞれ早めの防除を行う。		

「プリンスの場合」

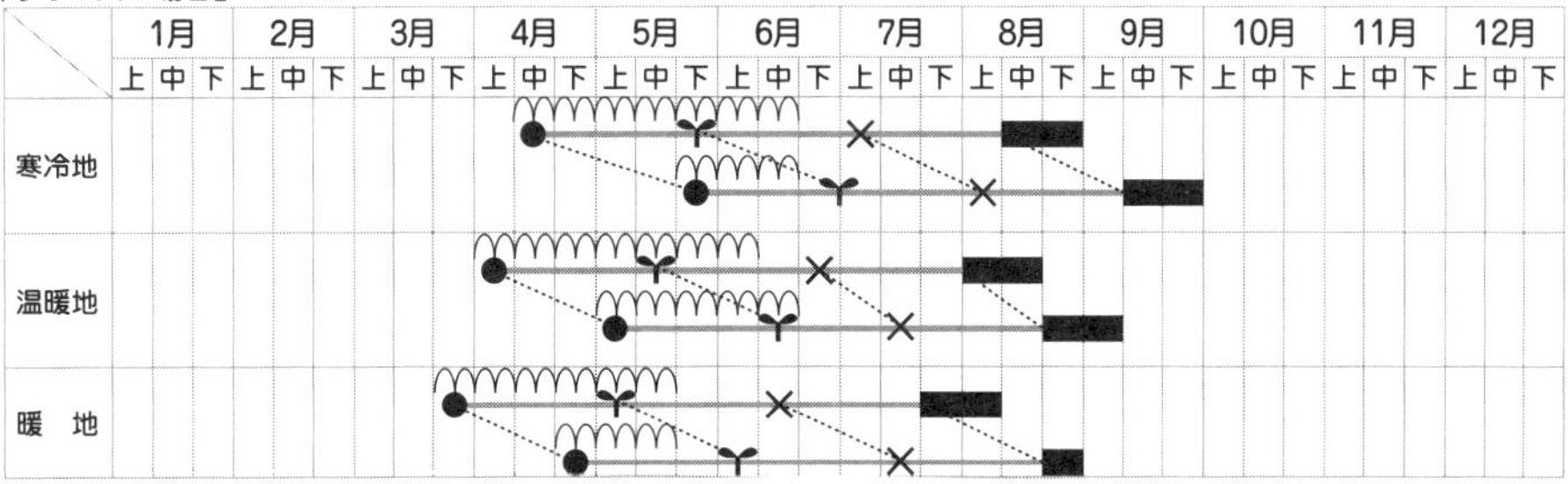

ミニスイカ

難易度★★★

学名	*Citrullus lanatus*	科名	ウリ科
原産地	アフリカ赤道地帯	発芽適温	25～30℃
		生育温度・適温	18～38℃・昼温25～32℃夜温15～18℃ （果実の肥大には昼温25～30℃夜温15～17℃）
好・嫌光性種子	―		
栄養特性	ミネラルはカリウム、ビタミン類は、リコピン、カロテン、ビタミンB_1・B_2・Cが比較的豊富に含まれる。カリウムとシトリンは尿を作る成分で利尿作用が強い。90%以上は水分。		
推薦品種	**「紅こだま」**果重2kg内外の小玉系ではやや大きい品種。果肉は鮮やかな紅桃色で、舌ざわりよく、さわやかな甘みと風味が楽しめる。交配後35～38日で収穫適期になる。 **「ミゼット」**果重1.5～2kg、果皮は薄く、果肉は黄色で緻密。特有の芳香がある食味のよい小玉スイカ。交配後32～35日で収穫適期になる。		
病虫害	病気（つる割病など）を避けるため連作を避け、新しい培養土を使う。連作する場合は、接木をしたほうがより安全に栽培できる。害虫はアブラムシ、ハダニ類など、病害はべと病、つる枯病などの被害があるので早めの防除を行う。		

「紅こだまの場合」

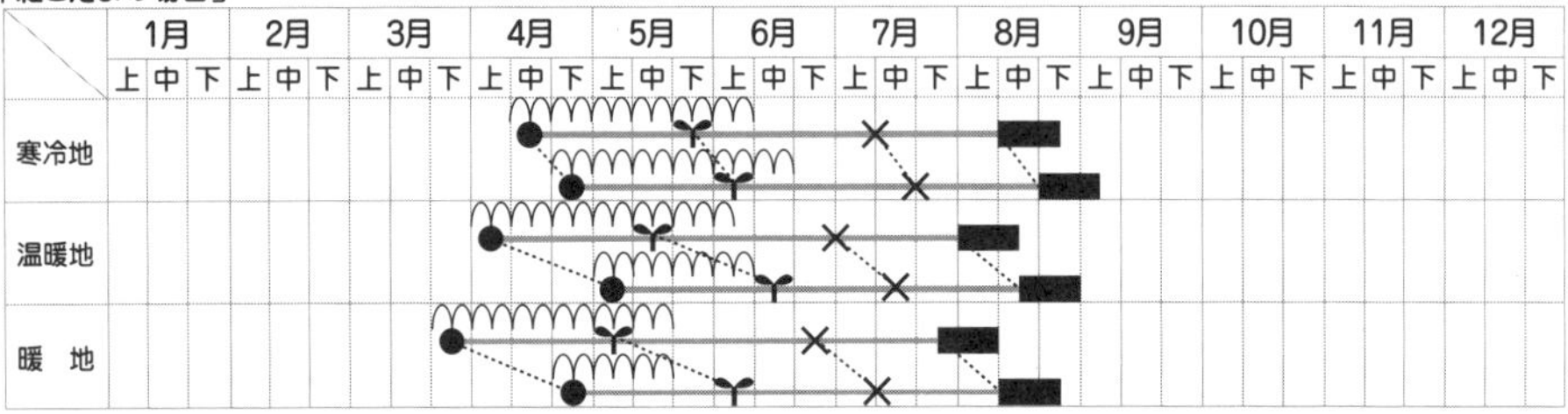

マメ類
Legumes

ベビーインゲン

難易度★★★

学名	*Phaseolus vulgaris*	科名	マメ科
原産地	メキシコ南部・中央アメリカ	発芽適温	23～25℃
好・嫌光性種子	―	生育温度・適温	5～30℃・15～25℃
栄養特性	ビタミン類は、カロテン、ビタミンB類が、ミネラルは、カリウムの含量が多い。特に、食物繊維の含量は野菜の中でトップである。また、アミノ酸含量も多いが特にリジンは、必須アミノ酸として重要である。		
推薦品種	**「セリーナ」**乾燥や病気に強く、草勢旺盛多収の早生品種。莢は丸莢ですじなし、長さ13～14cmの曲がりが非常に少ない食味のよいツルナシインゲン。 **「ピークライト」**莢が葉の上部に突き出してつくので、非常に収穫しやすい中早生品種。莢は長さ14～15cm、濃緑色で幅がやや広いツルナシインゲン。 **「プロップキング」**株元から着莢する、半つる性の早生品種。草勢が強く、側枝の発生がよいので長期間収穫ができる。莢は曲がりが非常に少ない濃緑の丸莢、すじなしで、肉厚でやわらかく風味があり、食味にすぐれるインゲン。		
病虫害	虫害はアブラムシ、ハモグリ、コナジラミ、メイガ類等が、病害は菌核病、灰色かび病、炭そ病、さび病等の被害があるのでそれぞれ早めの防除を行う。		

「ピークライトの場合」

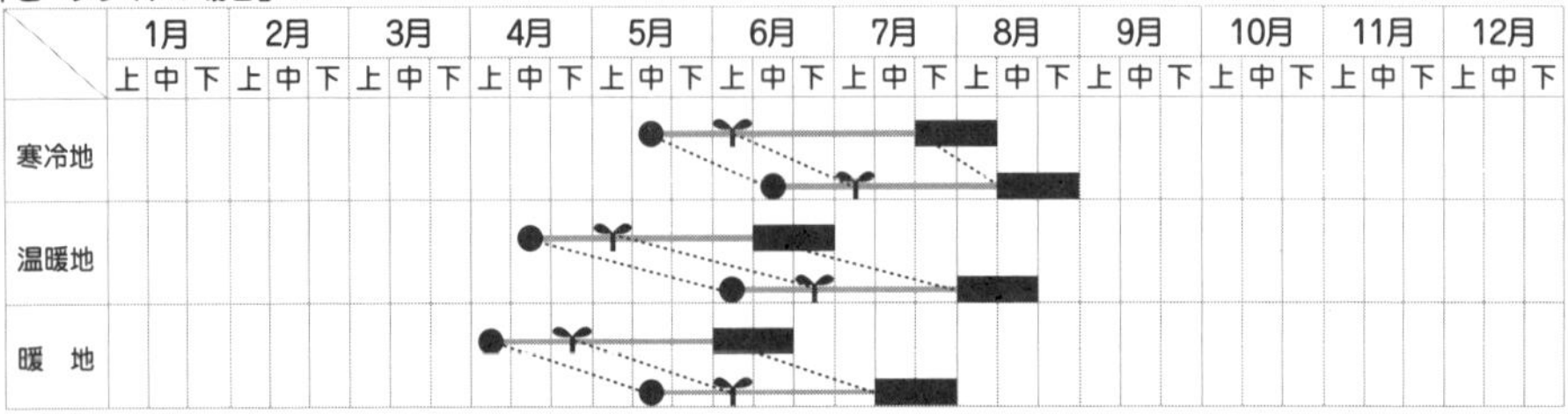

ミニ&ベビー野菜 Q&A

ベビーホウレンソウ……P04

Q ベビーホウレンソウの芽だしをしたのですが発芽しません。なぜでしょう?

A 通常、ホウレンソウもレタス同様、夏場は、タネまき前に一昼夜吸水した後、軽く水切りしペーパータオルなどにくるみビニール袋などに入れてから冷蔵庫などで芽だしさせます。しかし、芽だしの必要がないような処理がされたタネがあります。例えばサカタのタネのホウレンソウで「プライマックス」と表示された、発芽しやすく処理されたタネは芽だしの必要がありません。逆に浸水すると、酸欠で発芽不良になることもあるので注意が必要です。

Q 発芽はしたのですが、生育にムラがあり、悪いところの株は、本葉一～二枚で葉が黄色くなってしまいました。

A 土のpHが酸性になっているかもしれません。ホウレンソウは酸性土壌に弱いので、タネまきの少なくとも一週間くらい前に必ず石灰を多めに散布します。その際、混ぜ方が不均一だと生育にムラがでますので石灰はよく混ぜておきます。

Q タネまきしたホウレンソウがすべてとう立ちしてしまいました。

A ホウレンソウは、低温にあたると花芽ができ、日が長くなるにつれてそれが伸びてとう立ちします。春にタネまきする場合は、抽だい(とう立ち)の遅い「晩抽系」と呼ばれる品種をまきます。

Q ホウレンソウの絵袋の説明にある「R-5」の表示の意味はなんですか?

A ホウレンソウのべと病の菌はいくつかの系統(Race)に分けることができます。「R-5」は、Race5のことで、このべと病菌〝Race5〟に抵抗力があってかかりにくい品種には「R-5抵抗性」といった表示がされます。

ミニチンゲンサイ……P06

Q 葉に白く一筆書きのような模様がありますが、なんでしょうか?

A ハモグリバエの幼虫が葉の中を食害した跡です。浸透移行性の殺虫剤を用いますが、効きにくいので、模様の先端にいる幼虫や蛹を、まめに手でつぶすか、ピンセットなどでつまみ出します。生育初期からトンネル栽培（二四頁参照）やそのまま上にかけるベタがけなども効果があります。ベタがけは、光を通し通気性のある被覆資材（寒冷紗・不織布など）を植物の上に直接かける方法です。

ミニカリフラワー……P17

Q 秋にタネまきが遅れ、定植がタネ袋に書いてある時期より遅くなります。大丈夫でしょうか？

A カリフラワーは、苗が小さいうちに低温に長期間あうと花蕾《からい》が小さくなってしまう「ボトニング」や、逆に花蕾の発育中に三〇℃以上の高温にあうと花蕾のなかに小さな葉が出る「リーフィー」や花蕾表面が毛羽立つ「ヒュージー」が発生します。タネまきが遅れるときは、本格的に寒くなる前にビニールトンネルをかけて適温に近づけて育てて下さい。

スティックブロッコリー……P19

Q 暑い時期のタネまきなので遮光率五〇％のネットを使って育苗したほうがよいでしょうか？

A スティックブロッコリー、メキャベツ、コールラビの苗は元来暑さに強いので、風通しのよい涼しいところで育苗すれば遮光の必要はありません。苗が徒長しないよう、水やりしすぎや雨のかかるところでの育苗は避けます。

ラディッシュ……P21

Q 夏にタネまきしたときはうまく作れたのに、秋にタネまきしたら徒長してしまいました。

A 秋など光線量が少ない時期は、株間を広くとり、水やりは控えめにして、乾かし気味にします。

Q 「さくらんぼ」を「レッドチャイム」と同じくらいの大きさになるまで栽培しようと思いましたがスが入ってしまいました。

A 「レッドチャイム」はF1品種で「さくらんぼ」は固定種です。F1品種はス入りが遅く、球を大きくできますが、固定種は大きくしようとして適期から遅らせるとスが入ってしまうことがあるので小さいうちに収穫します。

ミニニンジン……P25

Q ニンジンに足が何本もあるものが多いのですが？

A 典型的な岐根（また根）の症状ですね。原因は腐葉土など分解の進んでいない肥料や濃度の濃い肥料を施したためです。これらに根の先の生長点があたると側根が発達し岐根になります。これは、ミニダイコンなどほかの多くの根菜類に共通していえることです。根菜類以外の他の野菜の後に作付けするか、未熟な有機物を使わないように気をつけることなどで予防できます。

Q　ニンジンが縦割れしてしまいましたが原因は何でしょうか？

A　根の肥大前半に乾燥し、後半に降雨などで土壌水分が多くなると、急激に肥大して割れてしまいます。解決策としては、土中に適度な有機物を含ませ、水もちがよい土にしておくこと、また、乾湿の差があまりつかないように水やりすることも大切です。

ミニダイコン……P27

Q　子葉が出てきて本葉が出たと思ったら、忽然と姿を消してしまいました。どうしてでしょうか？

A　ヨトウムシに食べられたものと思われます。タネまきのときオルトラン粒剤を施しておくと効果があります。

Q　子葉（双葉）が出てきたので肥料と水を与えたら枯れてしまいました。どうしてでしょうか？

A　原因は、肥料と水のやりすぎです。追肥は、タネまき後二〇日位からが目安です。

ミニトマト……P29

Q　畑に直まきできますか？

A　トマトの発芽適温は二五〜三〇℃で、高温が必要です。タネまき適期の春に外でこれだけの温度を確保するのはむずかしいので、ポットにタネをまきして、保温・育苗してください。

Q　葉の色は濃いのですが、茎が太く、葉が巻いています。

A　チッ素過多の典型的な症状です。肥料や水は控えます。株から一〇cmくらい離れた土に移植ゴテをさして部分的に根を切ってもよいです。

Q　葉脈の間が黄色くなってきて、ひどい葉では枯れてきているのですが？

A　マグネシウム欠乏ですね。硫酸マグネシウム一・五％水溶液を葉に散布します。

Q　トマトの果実のお尻（花落ち）あたりが茶色くなってきました。どうしたらよいでしょうか？

A　尻ぐされ症といい、カルシウム欠乏の典型的な症状です。カルシウム欠乏、高温乾燥、水不足、若苗を定植したときなどに発生します。カルシウムが吸えるようチッ素肥料を控え、塩化カルシウム〇・五％水溶液を葉に散布し、敷きワラなどでマルチするとよいでしょう。

Q　トマトの果実が割れます。なぜでしょう？

A　水のやりすぎや雨などによる急激な水分の吸収や肥料過多などによるものです。水と肥料を控えめにします。

Q　株が大きくなり下葉も大きくなりましたが、邪魔なのでとってもよいでしょうか？

A　下葉でもちゃんと光合成しているので、老化して黄色くなるまではそのままにしておきます。葉が枯れたら病気予防のためとり除きます。

Q　一～二年おきでは連作障害になるのでしょうか？

A　トマトだけでなく、ピーマン、ナス、トウガラシなどのナス科野菜は特に連作を嫌うので三～四年おきに栽培します。

Q　茎が黒くなってきました。どうしたらよいでしょうか？

A　疫病だと思われるので、ダコニールなどの殺菌剤を散布します。

Q　着果のためにはトマトトーンを必ずかけないといけないのでしょうか？

A　トマトトーンは、受精しにくい低温時期に受精しなくても果実のつく単為結果を促すためにおもに用います。気温が二〇℃を超える時期なら、支柱をたたいたり、枝をゆすったりすることで自家受精し着果するので、トマトトーンは必要ありません。

Q　果実がついたら急に枯れてしまいましたが？

A　青枯れ病と思われます。連作を避け、青枯れ病などに耐病性の品種を栽培するとよいでしょう。

フルーツパプリカ………P32

Q　果実が、なかなか着色しません？

A　着色までには約六〇日かかります。水やりなどの管理はかかさず気長に待ちましょう。

Q　一株に三〇個近く果実がついていますが、株に負担がかかりそうなので、完全に色づく前に収穫しようと思いますが？

A　株に負担がかかりそうなら、ある程度の大きさになってからも摘果の効果はあります。本来は、果実がごく小さいうちに摘み、適当な数の果実を大きくするようにします。

コナス………P35

Q　三〇㎝の鉢でコナスを育てていますが、果実がかたくなってしまいましたが、どうしてでしょう？

A　ナスは乾燥に弱く、乾燥によって果実の皮が硬くなってしまいます。朝晩だけでなく、こまめに水やりしたり、増し土や敷きワラなどをして乾燥を防いだりしましょう。土が乾きやすくてどうしようもない場合はひとまわり大きな鉢へ植えかえることをおすすめします。

ミニ&ベビーキュウリ……P38

Q キュウリが曲がったり、お尻が細かったり、太かったりしていますが?

A 水不足や肥料不足、根の生育不良が原因の生理障害です。キュウリの根は、地表面に近いところに張る性質があります。株の周りの地表面に落葉やワラなどを敷いて高温や乾燥を防ぐとよいでしょう。

Q 葉脈に沿って黄色や褐色の多角形の模様が出て、下葉は、褐色~黄色になって枯れてきています。何でしょうか?

A 降雨後や湿度が高いときに多発するべと病でしょう。ダコニール1000の一〇〇〇倍液やオーソサイド水和剤80の六〇〇倍液などの殺菌剤を散布します。

Q キュウリができはじめてからどうも下葉のほうから白い粉状の斑点がたくさん出て、葉が枯れはじめていますが、何でしょうか?

A うどんこ病でしょう。耐病性品種を使うのが最もよい予防方法ですが、発生したときは、モレスタン水和剤の二〇〇〇~四〇〇〇倍液またはダコニール1000の一〇〇〇倍液を散布します。カボチャやメロンなどにも発生するので、同様の薬剤を使います。

Q タネ袋には五月までにタネまきすることになっているが、六月にはタネまきすることはできないのでしょうか?

A キュウリは、果菜類の中でも特にタネまきから収穫までの期間が短く、十分タネまきできます。

ミニカボチャ……P40

Q ミニカボチャはいつまでまけますか?

A 六月中旬までまけますが、「栗坊」など最近のカボチャは西洋種のクリカボチャなので暑さにはあまり強くありません。なるべく早くまいたほうがよいです。

Q 新鮮なうちに食べたのですが、甘くなくホクホク感もない、なぜでしょう?

A カボチャは、「キュアリング」といって、採れたてをすぐ食べるよりも、収穫してから一〇日ほど経った果実のほうが、糖度が高くなり、多少水分が減ってホクホク感が増します。

Q 温暖地でのタネまき時期の初めが、タネ袋には三月中旬の定植になっていますが、本当にそのような時期に定植してよいのでしょうか?

A タネ袋は、農家向けに栽培暦が書かれています。保温のための施設がない場合は、四月中旬まきが適期です。

ミニメロン……P43

Q なかなか甘くなりませんが？

A 糖度は収穫適期間際に急上昇します。早くもいでしまうと甘くありません。試し採りしてみるとよいでしょう。また、じっくり待ってそのままにしておくと割れてしまうことがよくあります。メロンの場合、果実のついている節の葉が枯れてきたら収穫します。とれたてを食べず、数日寝かせて追熟させればまちがいありません。

Q メロンは病気になりやすいそうですが、どうしたら防げますか？

A メロンは病害に弱いので発生する前に対処することがポイントになります。まず、病気に対する抵抗性品種を使います。つる割れ病に強いカボチャの苗に接ぎ木する方法もありますが、家庭菜園では技術的に難しいので、連作を避け新しい土で栽培します。防虫ネットなどで覆う方法も害虫対策には効果があります。また、病気ではありませんが、ベランダなどではハダニが発生しやすいのでデンプン液剤などで発生初期に防除します。

ミニスイカ……P45

Q スイカが一六節に着果し、一〇cmほどの大きさになっていますが、その上のつるは摘み取ったほうがよいのでしょうか？

A 果実より上の茎葉は甘さなどの品質をよくするために必要です。茎を摘み取る摘芯は必要ありません。着果すれば自然に伸びは止まってきます。

Q 人工授粉していますがうまく着果しません。どうしてでしょうか？

A スイカやカボチャなどの花粉の寿命は短いので、その日咲いた花を朝九時ぐらいまでには授粉させてください。

Q 小玉スイカがもっと甘くなると思い、そのままにしておいたらしばらくして果肉がパサパサになってしまいました。

A 小玉スイカの収穫の目安は交配後約三五～四〇日ですが、熟期は積算温度によりますので、その年の気温が平年より高ければ収穫時期は早まります。授粉後品種ごとに決まった日数で収穫すればほぼおいしいスイカが食べられます。

ベビーインゲン……P47

Q インゲンのタネが余りました。保存はできますか？

A マメ科野菜は、タネの寿命が短いのでインゲンの場合、秋までに何回か栽培するとよいでしょう。保存する場合は、室温で保存します。冷蔵庫で保存すると発芽率がさらに低下します。できれば毎年新しいタネを購入するほうがよいでしょう。

野菜作り用語集

◆著者略歴

淡野一郎（あわの　いちろう）

1963年、神奈川県横浜市生まれ。東京農業大学農学部卒業後、神戸大学大学院修士課程修了。（株）サカタのタネ入社。同社農場にて花の品種育成に携わる。現在同社広報部宣伝課長。02年東京農業大学非常勤務講師。04〜05年90×360cmのベランダでの菜園実践記を共同通信社配信で中国、神戸、静岡、信濃毎日新聞など地方紙25紙に掲載。

◆写真協力

（株）サカタのタネ

かんたん　かわいい

ミニ&ベビー野菜　ガーデニングノート

2006年5月30日　第1刷発行
2006年8月20日　第2刷発行

著者■淡野一郎
発行所■社団法人　農山漁村文化協会
郵便番号107-8668東京都港区赤坂7丁目6-1
電話／03（3585）1141（営業）
03（3585）1145（編集）
FAX／03（3589）1387　振替00120-3-144478
URL／http://www.ruralnet.or.jp/

制作■（株）ダグハウス
イラスト／佐怒賀豊
デザイン／橋本千鶴（ダグハウス）
料理指導／磯村みよ子
印刷／製本■凸版印刷（株）

定価はカバーに表示。乱丁・落丁本はお取り替えいたします。
ISBN4-540-05160-1
＜検印廃止＞